Michaela Glöckler (Hg.)
Martina Maria Sam
Sergej O. Prokofieff
Johannes Kühl

Erlebnis «Faust»

Michaela Glöckler (Hg.)
Martina Maria Sam
Sergej O. Prokofieff
Johannes Kühl

Erlebnis «Faust»

Anregungen zur Vertiefung

Verlag am Goetheanum

Der Verlag am Goetheanum im Internet: www.VamG.ch

Einbandgestaltung unter Verwendung
der Rembrandt-Radierung «Faust im Studierzimmer» (1652/53)
von Gabriela de Carvalho

Satz: Heiko Hanekop
Druck und Bindung: Freiburger Graphische Betriebe

ISBN 3-7235-1211-9

Inhalt

Vorwort

Die hier vorgelegten Beiträge zu Goethes «Faust» gehen auf Vorträge zurück, die bei der «Faust»-Premiere 2004 am Goetheanum gehalten wurden. Diese fiel in die Karwoche, und so lag es nahe, einmal speziell nach dem österlichen Charakter des «Faust» zu fragen, beginnt doch das Drama in einer Osternacht: Faust zieht die Bilanz seines bisherigen Lebens und beschließt den Freitod. Da ertönen die Osterglocken. Ihr Klang hält ihn im letzten Augenblick davon ab, das tödliche Gift zu trinken. Faust entdeckt nun mit diesem Klang im Herzen und in der bewussten Auseinandersetzung mit dem Bösen das Leben selbst als den für ihn bedeutsamen Erkenntnis- und Entwicklungsweg. Es gelingt ihm das Sich-Herausreißen aus seelischer Lähmung und Ohnmacht. Es gelingt ihm aber auch die innere Verwandlung angesichts von Schuld und Versagen. Dabei wird deutlich, wie es in den entscheidenden Augenblicken des Dramas immer wieder die geheimnisvolle Nähe des Auferstandenen ist, die ihn begleitet und weiterführt.

Da die Nachfrage nach einer schriftlichen Wiedergabe der Vorträge groß war, haben wir uns entschlossen, die Vortragsmitschnitte für den Druck zu bearbeiten, ohne jedoch die mündliche Darstellungsweise ganz zu verlassen. So hoffen wir, dass dieser kleine Band noch vielen «Faust»-Besuchern Anregung und Begleitung sein kann.

Pfingsten 2004 *Michaela Glöckler*
Goetheanum
Freie Hochschule für Geisteswissenschaft

Goethe, der «Faust»-Dichter
Zeichnung von Karl Bauer (1868–1942)

Martina Maria Sam

«Faust» und die vielen Gesichter des Bösen

«Für das größte Unheil unserer Zeit, die nichts reif werden lässt, muss ich halten, dass man im nächsten Augenblick den vorhergehenden verspeist, den Tag im Tage vertut, und so immer aus der Hand in den Mund lebt, ohne irgend etwas vor sich zu bringen. Haben wir doch schon Blätter für sämtliche Tageszeiten … Dadurch wird alles, was ein jeder tut, treibt, dichtet, ja, was er vorhat ins Öffentliche geschleppt. Niemand darf sich freuen oder leiden als zum Zeitvertreib der Übrigen; und so springt's von Haus zu Haus, von Stadt zu Stadt, von Reich zu Reich und zuletzt von Weltteil zu Weltteil, alles veloziferisch.»[1]

«Alles veloziferisch» – diese wunderbare Wortschöpfung Goethes, die sich in einem Briefentwurf an Nicolovius aus dem Jahre 1825 findet[2], machte der Publizist Manfred Osten zum Titel eines kleinen Büchleins, das 2003 erschienen ist: *«Alles veloziferisch» – oder Goethes Entdeckung der Langsamkeit.*

«Veloziferisch»: in dieser Wortbildung verschränkt Goethe die Begriffe «velocitas» – lateinisch für «Eile, Geschwindigkeit» – und «Luzifer». In Goethes Augen war die sich damals schon abzeichnende Tendenz zur Beschleunigung, zur Geschwindigkeit durch die zunehmende Technisierung wahrhaft «des Teufels». Er ersehnte sich dagegen eine Kultur der Entschleunigung, eine Kultur der Langsamkeit, der Bedächtigkeit. Dafür gibt es in seinen Werken mannigfache Belege. Manfred Osten weist in seinem Büchlein auf einige Repräsentanten dieser Kultur der Langsamkeit hin: die Figur der Ottilie in den «Wahlverwandtschaften», Homunculus und Lynkeus, der Türmer, im «Faust». Für die gegenteilige Tendenz, die Tendenz zur Übereilung, zur unheilvollen Beschleunigung führt er dagegen nur einen einzigen Vertreter an: Faust.

In der Neigung zur übereilenden Tat mit ihren immer negativen Folgen ist für Manfred Osten Faust ein Repräsentant des modernen Menschen. Er kann der Dramenfigur Faust als der Verkörperung dieses Beschleunigungsdrangs, als Verkörperung eines unaufhaltsamen Erkenntnis- und Tätigkeitsdrangs nichts Positives abgewinnen. Sie ist ihm sozusagen ein Bild der gesammelten Unkultur der Moderne.

Fausts Neigung zur Ungeduld, sein Drang zur Übereilung ist sicherlich *ein,* und gerade heute kein unwesentliches Gesicht des Negativen, des Bösen. Aber erschöpft sich darin sein Wesen? Und erschöpft sich das Wesen des Mephistopheles darin, Faust zur Übereilung anzutreiben? Das scheint doch etwas zu einseitig interpretiert. Mephistopheles hat *viele Gesichter,* wendet Faust gegenüber verschiedene Taktiken an, wie im Folgenden ausgeführt werden soll.

Die Aufdeckung der Doppelnatur des Bösen

Rudolf Steiner gab 1918 ein Büchlein mit dem Titel «Goethes Geistesart in ihrer Offenbarung durch den Faust und durch das Märchen von der Schlange und der Lilie» heraus. In diesem Büchlein sind zwei Aufsätze zu «Faust» enthalten; ein Essay über «Goethes Faust als Bild seiner esoterischen Weltanschauung», der schon 1902 erstmals erschienen war. In diesen Ausführungen deutet Rudolf Steiner das «Faust»-Drama als Beschreibung eines Einweihungsweges, als allmählichen Aufstieg zum Geist. Es ist bezeichnend, dass in diesem frühen Aufsatz die Figur des Mephistopheles nur nebenbei erwähnt wird. Mephistopheles gilt Rudolf Steiner hier als die Verkörperung des Prinzips der Materie, durch die der Mensch bewusst hindurchschreiten muss, um dann wieder aufsteigend zu seinem geistigen Ursprung zurückzugelangen.

Der zweite Essay stammt von 1918 und trägt den Titel «Goethes Geistesart in ihrer Offenbarung durch seinen Faust». In diesem Aufsatz steht die Gestalt des Mephistopheles im Mittelpunkt. In der Figur des Mephisto sei keine «einheitliche, innerlich ungebrochene Wesenheit zu erkennen»[3]. Mephisto sei vielmehr ein *Mischwesen,* er trage Züge von zwei ganz entgegengesetzten Kräften des Bösen an sich, die sich im Grunde genommen nicht in derselben Dramenfigur vereinigen ließen.

Auf diese innere Uneinheitlichkeit der Figur des Mephistopheles führt Rudolf Steiner die Tatsache zurück, dass Goethe so lange, nämlich sechzig Jahre brauchte, um den «Faust» zu vollenden. Immer wieder stockte er in der Fortführung des Dramas, empfand selbst das Fragment als «barbarische Komposition», wie er es Schiller gegenüber einmal ausdrückte.[4] Er spürte, dass da etwas innerlich nicht zusammenstimmte. Es bedurfte vieler Anläufe und Anregungen von außen – durch die italienische Reise, durch Schiller und später durch Eckermann –, um die Dichtung fortzuführen und schließlich doch noch zu vollenden. In den Untergründen seiner Seele wusste er um die Zwiespältigkeit der Mephistopheles-Figur. Aber dieses Wissen um die Doppelnatur des Bösen trat nicht herauf über die Schwelle seines Bewusstseins, und daran litt, folgt man Rudolf Steiner, die Komposition des «Faust».

Wann hatte Rudolf Steiner seine neuen Einsichten in das Wesen des Bösen gewonnen?

Der erste Vortrag, in dem Rudolf Steiner auf die Zwienatur des Bösen aufmerksam macht, datiert vom 1. Januar 1909.[5] Es handelt sich dabei um einen Vortrag für Mitglieder der Theosophischen Gesellschaft in Berlin.[6] Dieser Vortrag hat den in bezug auf unser Thema sehr interessanten Titel «Mephistopheles und die Erdbeben der Erde». Also ausgerechnet in Zusammenhang mit der Figur des Mephistopheles werden die zwei oppositionell zueinander stehenden Wesen des Bösen – Luzifer und Ahriman – zum ersten Mal erwähnt. Und doch wird bei der näheren Lektüre dieses Vortrages deutlich, dass Rudolf Steiner damals in seiner Forschung noch nicht an demselben Punkt stand wie in dem Aufsatz von 1918. Es heißt da noch: «Der Goethesche Mephistopheles ist nichts anderes als die Gestalt des Ahriman, und wir dürfen sie nicht verwechseln mit der Gestalt des Luzifer … obwohl natürlich Luzifer erst den Einfluss des Ahriman möglich gemacht hat und man daher, wenn man auf den Ahriman sieht, auf einen Ureinfluss Luzifers zurückgeführt wird.»[7]

Das heißt, Rudolf Steiner identifiziert hier noch Mephistopheles mit Ahriman, obwohl er auch den Einfluss Luzifers erwähnt. Erst mehr als sechs Jahre später, am 4. April 1915, spricht er in einem Vortrag erstmals von dem Mischwesen des Mephistopheles.

Dieser Vortrag hat einen ganz besonderen zeitlichen Kontext; er fand nach der allerersten eurythmisch-dramatischen Aufführung von «Faust»-Szenen am Goetheanum überhaupt statt. Rudolf Steiner geht in diesem Vortrag zunächst auf die Faust-Figur des Volksbuchs ein. Er zeigt auf, wie diese Faust-Figur des Volksbuchs aus dem 16. Jahrhundert aus einzelnen Zügen verschiedener historischer Faust-Gestalten zusammengebraut ist: «Wir sehen förmlich den Faust dastehen, Luzifer und Ahriman – wenn auch undeutlich durch die verworrene Zeit – an seiner Seite, im Volksbuch zu einem ‹Ragout› zusammengekocht.»[8]

Goethe «empfand den tiefen Zusammenhang. Aber was konnte Goethe nun nicht? Luzifer und Ahriman voneinander sondern, das konnte er nicht. Sie verschmolzen ihm noch zu der Zwittergestalt des Mephisto, bei dem man nicht recht weiß, ist nun ... der Ahriman, der wirkliche Mephisto? Denn er hat auch das, was Luzifer ist, auf sich geladen.»[9]

Was hatte Rudolf Steiner zu dieser neuen Entdeckung der Zwitternatur des Mephistopheles geführt? – Zum einen sicherlich – in Vorbereitung der Inszenierung der Osterszenen – die intensive Wiederbeschäftigung mit dem Goetheschen «Faust». Zum andern aber war Rudolf Steiner seit August 1914 zusammen mit der englischen Bildhauerin Edith Maryon damit beschäftigt, für die Holzskulptur des «Menschheitsrepräsentanten» die Widersachermächte, Luzifer und Ahriman, künstlerisch auszugestalten. Im Frühjahr 1915 war zum ersten Mal ein etwas größeres Modell von zwei Metern Höhe entstanden. Man kann einen tieferen Zusammenhang zwischen diesen beiden Tatsachen in bezug auf die Neuinterpretation der Mephistopheles-Figur vermuten.

Die Grundzüge der Doppelnatur des Bösen und ihre Relevanz für den «Faust»

Die grandiose Entdeckung Rudolf Steiners war es, dass man eigentlich nicht nur von einer Polarität von Gut und Böse sprechen kann, wie es bisher in den Morallehren und Ethiken der Fall gewesen war, sondern dass in allen Situationen des Lebens, in denen der Mensch drinnenstehen kann, immer ein Abgleiten nach zwei Seiten möglich ist. Es gibt immer die Möglichkeit einer Übersteigerung, die Rudolf

Rudolf Steiner   Holzplastik, 6. Entwurf, 2 m hoch, 1915

Steiner die luziferische Tendenz nennt, und die Gefahr der zu starken Hemmung, die ahrimanische Tendenz. Immer existieren zwei polare Gefahren: zu starke Auflösung oder völliges Erstarren, Selbstvergottung oder Selbstvernichtung, Erdenflucht oder zu enge Kettung an das Irdische.
Was ist demgegenüber nun das Gute?
Das Gute kann nur geschaffen werden, indem der Mensch kraftvoll Maß hält zwischen diesen beiden Extremen – nicht jedoch als starre Mitte, als arithmetisches Mittel, sondern als dynamische Mitte. Das Maß will immer wieder neu und anders erobert und gefunden werden: rechten Mut zwischen Tollkühnheit und Feigheit, gesundes Selbstvertrauen zwischen übersteigertem Selbstgefühl und Minderwertigkeitskomplexen usw.
Aus diesem Hintergrund heraus eröffnen sich neue Perspektiven. Man entdeckt, dass auch in der Art, wie Mephisto Faust gegenübertritt, einmal mehr der eine und einmal mehr der andere Widersacher die Übermacht hat. Im Folgenden sollen einige Aspekte dieser Doppelgesichtigkeit des Bösen anhand der Konstellation Faust–Mephistopheles auf drei Ebenen aufgezeigt werden.[10]

Das Böse auf der Ebene des Erkennens

Nach Zueignung, Vorspiel und Prolog begegnen wir dem Hauptprotagonisten, Faust, zunächst in seinem Studierzimmer. Das Studierzimmer ist der Ort, der sein bisheriges

Rudolf Steiner Holzplastik, 6. Entwurf, 2 m hoch, 1915
Detail, Luzifer und Ahriman

Leben, sein bisheriges Streben repräsentiert. Faust ist der Mensch, der sich ganz und gar den Erkenntnispfaden der anbrechenden Neuzeit verschrieben hat.

Er hat durch Jahre hindurch ein rein intellektuelles Wissen angehäuft. Es ist eine abstrakte Art von Wissen, das vom lebendigen Zusammenhang abgetrennt ist, das keine Beziehung mehr zu Gefühl und Willen des Menschen hat und wie es überhaupt erst seit dem ausgehenden Mittelalter existieren kann.

Faust ist der Repräsentant des modernen Menschen, der vom Zusammenhang von Mensch und Kosmos nichts mehr ahnt, der nichts mehr weiß vom kosmischen Ursprung des Menschen und dadurch auch kein wirkliches Menschenbild und keine lebendige Beziehung zur Natur mehr hat.[11] Diese Art von Wissen, die Faust bisher gepflegt hat, führt konsequent zu unserer heutigen akademischen Wissenschaft. Es ist das kalte, zusammengezogene, im obigen Sinne «ahrimanische» Wissen. In der Figur des Wagner ist es von Goethe karikaturhaft personifiziert – und es ist kein Zufall, dass ausgerechnet Wagner die künstliche Zeugung und Herstellung eines Menschen anstrebt.

Wenn wir Faust zu Anfang des Dramas im Studierzimmer begegnen, ist er jedoch in seinem tiefen Wissensdurst schon einen Schritt weitergegangen. Er ist an der Einseitigkeit des rein intellektuellen Wissens verzweifelt; denn er spürt, dass er damit dem Wesen der Welt nicht eigentlich nahekommt. Er empfindet seine Distanz, seine Getrenntheit gegenüber der Natur schmerzlich, sehnt sich nach einer anderen, tieferen, lebensvolleren Art von Erkenntnis, nach einem wirklichen Verhältnis zur Natur. Er möchte zu den Quellen des Lebens kommen, indem er die bisher gegangenen Pfade des intellektuellen Wissens verlässt und sich zur *alten Magie* zurückwendet.

Was aber heißt das? Mit Hilfe der Magie wird ein Zugang zur Geisteswelt gewissermaßen erzwungen – so ähnlich, wie wenn man durch Drogen bestimmte geistige Erlebnisse gewinnt. Der Zugang zur Geistwelt auf diese Art ist ein unrechtmäßiger in unserer Zeit. Man kann die Geistwelt zwar dadurch erleben, aber die Erlebnisse nicht in rechter Art innerlich begleiten und beurteilen.

Und so sehen wir, dass Faust durch das Hantieren mit alten Sprüchen und magischen Zeichen den Erdgeist zwar beschwören kann, aber von ihm zurückgewiesen wird. Er kann ihm nicht standhalten, weil er keinen wirklichen inneren Weg gegangen ist zum Geistigen, sondern es herbeigezwungen hat.

Zusammenfassend kann man sagen, dass Faust sich hier auf der *Ebene des Erkennens* von einem Extrem zum anderen wendet. Zunächst hat er viele Jahre nur dem rein intellektuellen Wissen nachgestrebt. Dieses intellektuelle Wissen hat aber den Vorteil, dass man sich dabei immer ein klares Bewusstsein bewahrt. Der Mensch weiß beim intellektuellen Denken in jedem Augenblick, was er tut. Das ist bei der Wen-

dung zur Magie nicht der Fall. Da greift man in den bewusstseinsmäßig zunächst dunklen Willensbereich.
Durch diese Wendung von einem Extrem zum anderen, vom intellektuellen klaren, aber toten Wissen hin zum dunklen, aber kraftvoll-lebendigen magischen Wissen, macht Faust doch einen Schritt hin zur Geistwelt, beginnt damit einen Weg zum Geistigen. Er konnte sich eben nicht wie Wagner mit dem begnügen, was man so äußerlich an Wissen anhäufen kann, sondern er hat eine tiefere Sehnsucht, ein tieferes Streben in sich. Zunächst sucht er den Zugang unrechtmäßig, indem er zu magischen Mitteln greift. Der Erdgeist weist ihn deshalb zurück, aber er schickt ihm einen Abgesandten, nämlich Mephisto. Dass der Mephisto ein Abgesandter des Erdgeistes ist, geht ganz klar aus der Szene «Wald und Höhle» hervor:

> FAUST
> *Du gabst zu dieser Wonne,*
> *Die mich den Göttern nah und näher bringt,*
> *Mir den Gefährten, den ich schon nicht mehr*
> *Entbehren kann …* [3241–3243]

Wie geht nun dieser Weg hin zur Geistwelt, den Faust begonnen hat, weiter? Wie kommt er dazu, der geistigen Welt gegenüber bewusst standzuhalten?
Das geht in der Neuzeit nur durch eine *bewusste Auseinandersetzung mit dem Bösen.* Das Böse hat natürlich auch vorher schon auf Faust gewirkt – in der zu starken Hinwendung

zum Intellekt und auch in dem Vor- beziehungsweise Rückgreifen in das Magische. Es tritt hier jedoch nicht wesenhaft auf, weil Faust noch nicht einen wirklichen Weg in die Geistwelt hinein begonnen hat. Erst – und das ist auch sehr tief – in dem Moment, als Faust die zwei Seelen in seiner Brust, die zwei gegensätzlichen Triebe in ihm selbst erkennt, in diesem Moment tritt der Pudel auf, der sich dann als Mephistopheles entpuppt. Und es ist ganz typisch und bezeichnend, dass eben Faust sofort in dem Pudel die Anwesenheit eines Geistigen spürt und erahnt, während Wagner, der ihn auf dem Osterspaziergang begleitet, nichts sieht als einen ganz normalen Pudel.

Das Böse auf der Ebene des Fühlens

Nun tritt also Mephisto wesenhaft auf. Wie versucht er zunächst Faust zu packen?
Faust ist sich bewusst, dass er auf der Erkenntnisebene allein nicht wirklich weiterkommt. Deshalb lässt er sich gern von Mephisto dazu verführen, eine ganz andere, ihm bisher unbekannte Ebene zu betreten.

> FAUST
> *Der große Geist hat mich verschmäht,*
> *Vor mir verschließt sich die Natur.*
> *Des Denkens Faden ist zerrissen,*
> *Mir ekelt lange vor allem Wissen.* [1746–1749]

Und was verspricht er sich nun von dem Pakt mit dem Bösen?

FAUST
Lass in den Tiefen der Sinnlichkeit
Uns glühende Leidenschaften stillen!
In undurchdrungnen Zauberhüllen
Sei jedes Wunder gleich bereit!
Stürzen wir uns in das Rauschen der Zeit,
Ins Rollen der Begebenheit!
Da mag denn Schmerz und Genuss,
Gelingen und Verdruss
Mit einander wechseln, wie es kann;
Nur rastlos betätigt sich der Mann. [1750–1759]

Man kann sagen: nach seinem trockenen, relativ ereignisarmen Gelehrtenleben sucht er nun das Erlebnis, er sucht Erfahrungen aller Art, unmittelbare Gegenwart. Er will sich selbst spüren, er sucht das Da-Sein.

So kann man auch verstehen, dass er nicht die Erfüllung, nicht den Genuss will, sondern – eine ganz rätselhafte Stelle im Pakt – was sucht er? Er fragt Mephisto nach Gold, das sofort wieder in der Hand zerrinnt; nach Speise, die nicht sättigt; nach einem Liebchen, das heimlich schon wieder nach einem anderen Liebhaber Ausschau hält. Er sucht eigentlich nur das Erleben der Gegenwart; Genuss wäre schon wieder sozusagen ein Verharren, ein Ans-Ende-Kommen.

Und was will Mephisto? Mephisto greift Fausts Begehren nach Erlebnis auf, will es jedoch auf niedrigster, banalster Ebene befriedigen:

Mephistopheles
Den schlepp' ich durch das wilde Leben,
Durch flache Unbedeutenheit … [1860–1861]

Mephisto – froh darüber, dass Faust sein hohes Streben nach Erkenntnis scheinbar aufgibt – täuscht sich allerdings in einem Punkt von Anfang an. Er übersieht die Selbstgewissheit Fausts, er übersieht dessen Überzeugung, dass sein innerster Erkenntnisdrang, seine Sehnsucht nie zu befriedigen sein wird und dass er sich deswegen getrost auf den Pakt einlassen kann. Faust ist sich ganz gewiss, dass Mephisto kein Mittel finden wird, um dieses brennende Sehnen in ihm zu stillen.
Diese Überzeugung spricht auch aus seinen ja ziemlich überheblichen Worten:

Faust
Was willst du armer Teufel geben?
Ward eines Menschen Geist, in seinem hohen Streben,
Von deinesgleichen je gefasst? [1675–1677]

Einem trotz allem doch mächtigen Geistwesen wie Mephistopheles gegenüber so zu sprechen, zeugt doch von einer unerschütterlichen Selbstgewissheit.
Nun führt Mephisto Faust also durch verschiedene Ebenen niedriger Sinnlichkeit. Zunächst in Auerbachs Keller; das ist eine Ebene niedriger Genusssucht und platter Geselligkeit, die Faust überhaupt nicht berührt.
Dann führt Mephisto Faust in die Hexenküche. Was ver-

spricht er sich davon? Durch den sogenannten «Verjüngungstrank» will er die Triebsphäre Fausts aufstacheln, die sexuelle Sphäre, die Sphäre der Sinnlichkeit. Faust soll durch den Hexentrank die erstbeste Frau, die ihm begegnet, begehren, in ihr aber eben nur ein Objekt seiner Begierde sehen, nicht den Menschen, nicht ein individuelles Wesen.
Bezeichnend für seine doch tiefer angelegte Natur ist Fausts Spiegel-Erlebnis in der Hexenküche. Während Mephisto noch mit der Hexe verhandelt, sieht Faust in einem Spiegel eine wunderschöne Frau. Man kann diese Szene natürlich wieder mannigfach deuten. Rudolf Steiner hat ja angeregt, dass man einmal hintereinander die Hexenküchen-Szene, die Szene im Rittersaal, wenn Faust die Erscheinung der Helena beschwört, und dann den Helena-Akt auf die Bühne bringt. Denn es besteht eine innere Verbindung zwischen diesen drei Szenen – und doch gibt es auch eine Beziehung zwischen dem Spiegel-Erlebnis und der dann folgenden Gretchen-Begegnung.
Trotz der emotionell-chaotischen Atmosphäre in der Hexenküche erlebt Faust ein tieferes Ergriffensein in dem Moment, als er in den Spiegel schaut und ein schönes Weib sieht. Dies hat nichts Triebhaftes, sondern weist schon auf Fausts Befähigung zur echten Liebe hin, darauf, dass Mephistos Strategie, Faust in die Ebene niedrigster Sinnlichkeit zu ziehen, nicht ganz aufgehen wird. Und tatsächlich schwingt in dieser Faust-Gretchen-Begegnung fast von Anfang an mehr als bloß körperliches Begehren mit. Das kann man Fausts Wor-

ten beim ersten Besuch in Gretchens Kämmerchen entnehmen. Hier wird diese *tiefere Liebe* im Keim schon spürbar. Faust erlebt die friedliche Ordnung dieser Gretchenwelt, fühlt in ihrem Lebensumkreis ihre Individualität. Schon hier ist Gretchen nicht mehr nur ein Lustobjekt seiner Begierde. Deshalb kann Mephistos Versuch, Faust in diese luziferische Ebene der Sinnlichkeit hinabzuführen, nicht ganz gelingen. Mephisto versucht dann einen neuen Angriff auf dieser Ebene des Seelischen; nun von einer ganz anderen Seite, von der ahrimanischen Seite her, und zwar durch den Besuch der Walpurgisnacht.

In der Walpurgisnacht-Szene erlebt Faust eine Ebene niedrigster Astralität, wo sich Magie und Sexualität merkwürdig verbinden. Es geht hier auch wieder um Sexualität, aber in einem anderen Sinne als vorher. Vorher versuchte Mephisto durch ein intensives Erleben der Triebsphäre eine Steigerung des Ich-Gefühls von Faust herbeizuführen, nun ist das Gegenteil sein Ziel: Im Chaos der ganzen Hexenszenerie strebt er für Faust etwas an, was ich eine Art «kalten Rausch» nennen möchte. Er will durch Überwältigung und Verführung, durch eine raffinierte Verknüpfung von Magie und Sexualität Faust dazu bringen, sich selbst und damit auch die Liebe zu Gretchen zu vergessen. Er will Faust bewusstseinsmäßig von sich selbst abziehen. Es geht ihm hier nicht mehr um eine *Steigerung des Selbstgefühls* wie in den sinnlichen Verlockungen vorher, sondern um *Auslöschung des klaren Ich-Bewusstseins,* um eine Art Selbstvernichtung.

Faust aber versucht sein Selbstbewusstsein zu bewahren:

FAUST
Dass ich mich nur nicht selbst vergesse! [4114]

Doch gelingt Mephisto zunächst mindestens eine teilweise Verführung: Faust lässt sich von der jungen Hexe in einen wild-widerlichen Tanz hineinziehen. Aber gerade in diesem Tanz, in dieser Verführung durch die junge Hexe erinnert sich Faust seiner Liebe, hat eine Wahr-Imagination: Gretchen erscheint ihm.

Die Erinnerung an Gretchen, seine Liebe, seine innere Treue zu ihr, lässt ihn einerseits hellsichtig mitfühlen, in welch leidvoll-bedrohlicher Situation sie ist, und andrerseits kann er sich dadurch selbst bewahren, kann sich innerlich halten, verliert er nicht das Bewusstsein. In der Euphorion-Szene des II. Teiles spricht die Chorführerin Panthalis den Satz, den man auch hier anwenden könnte:

PANTHALIS
Nicht nur Verdienst, auch Treue wahrt uns die Person. [9984]

«Treue wahrt uns die Person» – das gilt hier auch für Faust. Zunächst versucht Mephistopheles also auf der *Gefühlsebene,* Fausts Selbsterleben durch Aktivierung des Trieblebens zu erhöhen, durch *sinnlich-luziferische Verführungen* (Auerbachs Keller, Hexentrank); als dies nicht in der erhofften Weise gelingt, greift er Faust von der *ahrimanischen Seite* aus an, indem er ihn durch den Rausch der Walpurgisnacht dazu bringen will, *sich selbst zu vergessen.* Beiden Versuchungen erliegt Faust nur ansatzweise: über das bloß sexuelle Begehren hinaus entwickelt er einen Keim echter Liebe zu Gretchen, und diese Liebe hilft ihm dabei, sich selbst zu halten, sich nicht im Rausch zu verlieren.

Nun ist jedoch mitten in das ganze Gretchen-Drama die Szene «Wald und Höhle» merkwürdig eingebettet – eine Schlüsselszene in bezug auf Fausts Erkenntnisweg.

Faust begegnet uns da zunächst allein in der Natur, nachdem seine Liebesbeziehung zu Gretchen schon eine gewisse Innigkeit, einen Höhepunkt erreicht hat. Er beginnt seinen Monolog:

> FAUST
> *Erhabner Geist, du gabst mir, gabst mir alles,*
> *Warum ich bat. Du hast mir nicht umsonst*
> *Dein Angesicht im Feuer zugewendet.*
> *Gabst mir die herrliche Natur zum Königreich,*
> *Kraft, sie zu fühlen, zu genießen.* [3217–3221]

Wen er hier als «erhabenen Geist» anspricht, wird sofort deutlich: es ist der Erdgeist, der ihm im Feuer sein Angesicht zugewendet hat, der ihn zunächst zurückgewiesen hat. Bisher hatte man ja seit Fausts Begegnung mit Mephisto eher den Eindruck, dass er alles hinter sich gelassen hat, was mit seinem Erkenntnisstreben zu tun hat – und sich in ein ganz neues Leben gestürzt hat. Nun aber dankt er dem Erdgeist hier, dass er ihm alles zukommen ließ, «warum ich bat». Was Faust damit meint, wird im weiteren Monolog deutlich: Er hat ein neues, tieferes, innigeres, lebendigeres, wahreres Verhältnis zur Natur – und damit auch zu sich selbst – als vorher, er ist deutlich einen Schritt weitergekommen auf seinem Erkenntnisweg. Er hat nicht mehr nur das kalt-abstrakt-intellektuelle Verhältnis zur Natur wie vorher, er sucht auch nicht mehr einen Zugang magisch zu erzwingen, sondern ist in ein Verhältnis zu ihr gekommen, wie er es sich immer ersehnt hat: Faust erlebt sich nun brüderlich verwandt mit allem, was um ihn ist.

Wodurch aber ist Faust in seinem Weltverständnis, auf seinem Erkenntnisweg einen Schritt weitergekommen?

Im Monolog selbst wird das nur angedeutet. Es ist einerseits die Begegnung mit Mephisto, mit dem «Gesellen», den ihm der Erdgeist geschickt hat (V. 3241f.), damit Faust in eine bewusste Auseinandersetzung mit dem Bösen kommt, an den er sich auch in durchaus unangenehmer Weise gebunden fühlt (V.3243–3246). Auf der anderen Seite ist es aber auch die Liebe zu Gretchen, die Faust hier einen Schritt weiter auf seinem Erkenntnisweg gebracht hat – weshalb diese Szene mitten in die Tragödie eingebettet ist. Der Eros ist auch eine Erkenntniskraft: durch die Liebe zu Gretchen hat Faust gelernt, in der Zuwendung zu einem anderen Menschen das Geistige in der Sinneswelt zu erfahren und damit über die Beziehungslosigkeit des bloßen Intellektualismus einen Schritt hinauszukommen. Und dadurch, dass er es an Gretchen erlebt, kann er die brüderliche Verwandtschaft mit allem, was sonst in Welt und Natur ist, entdecken.

Das Böse auf der Ebene des Willens

Im weiteren Verlauf des Dramas wandelt sich Fausts Erkenntnisdrang allmählich um in die Sehnsucht nach Tätigkeit. Faust geht auch auf dem Erkenntnisweg weiter: man könnte in dieser Beziehung nach der eben erwähnten Szene «Wald und Höhle» die «Ariel»-Szene betrachten, wo sich in Fausts Monolog noch eine weitere Stufe der Erkenntnis andeutet, indem er die Einsicht gewinnt: «Am farbigen Abglanz haben wir das Leben.» Das ist eigentlich schon eine Art Hindeutung auf das, was am Schluss im «Chorus Mysticus» erklingt, wenn es heißt: «Alles Vergängliche ist nur ein Gleichnis.» Er geht also zwar weiter auf dem Erkenntnisweg, aber seine hauptsächliche Aufmerksamkeit wendet er allmählich auf etwas anderes: auf das Tätigseinwollen.

Faust will nun schaffen, er will die Welt umgestalten. Dieser Drang muss jedoch erst allmählich erwachen. Besonders im ersten Akt des zweiten Teils wirkt Faust noch relativ passiv. In der ersten Szene des ersten Aktes am Kaiserhof tritt er gar nicht selbst auf. Wir begegnen ihm erstmals am Kaiserhof in der Karneval-Szene, in der Mummenschanz, und zwar in der Maske des Plutus. Plutus ist der Gott des Reichtums, der Gott des Vermögens. Und «Vermögen» kann hier durchaus auch in dem Sinne von «etwas vermögen» gehört werden. Plutus ist in diesem Sinne der Gott, dem sozusagen alle Kräfte zum Schaffen zur Verfügung stehen. Das wird auch im weiteren Verlauf der Szene deutlich: Plutus übernimmt nach seinem

Auftritt allmählich die Regie der Szene, gestaltet den weiteren Verlauf der Mummenschanz.

In diesem Sinne könnte man sagen, dass sich in dieser Mummenschanz-Szene Fausts weiterer Weg im Drama als Tätiger, als Gestalter sozusagen in der Vorspiegelung zeigt – allerdings nur im Bild, im Schein, eben als Karnevals-Spiel, aber man kann es doch als eine Art Vorschau auf das, was weiter passiert, lesen.

Ein weiterer Schritt Fausts hin zur Ebene der Tätigkeit, zum Schaffen, ist der Gang zu den Müttern. Was passiert hier? Wenn Faust zu den Müttern geht, verlässt er die Ebene der physischen Welt, die er in der Ariel-Szene angesprochen hat mit: «Am farbigen Abglanz haben wir das Leben.» Er verlässt diese Ebene des bloßen Abglanzes und tritt in eine höhere Sphäre ein, nämlich in die Sphäre, wo die schaffenden, schöpferischen Kräfte urständen. Er bringt von dort jedoch zunächst nur ein Bild mit. Es gelingt ihm zwar, in die schöpferischen Sphären einzudringen, aber er kann von da aus noch nicht geistige Wirklichkeiten selbst erschaffen: Deshalb bringt er Helena und Paris aus dieser Sphäre der Mütter als *Bild* mit, als Imagination.

Doch Faust kann sein Erlebnis noch nicht ganz bewältigen. Er verwechselt Bild und Wirklichkeit. Sobald er Helena erblickt, will er sie für sich haben. Er erkennt nicht, dass es sich nur um ein Bild handelt. Er verwechselt Imagination und Wirklichkeit. Und dadurch verfällt er der Paralyse. Man muss sich vorstellen, dass Fausts Seele und Geist erst einmal

vom Körper getrennt sind. Er liegt in einer Ohnmacht, in einer Art Koma. In diesem Zustand müssen wir uns ihn während des zweiten und dritten Aktes vorstellen – soweit es die physische Welt betrifft.
Der zweite und dritte Akt spielen deshalb nicht in demselben Sinne in der sinnlich-physischen Welt, zwar wohl in einer *wirklichen* Welt, aber in einer *geistig-wirklichen* Welt, in einer geistigen Wirklichkeit. Das muss man von dem, was Faust im ersten, vierten und fünften Akt erlebt, unterscheiden.
Es ist bedeutsam, dass wir Faust, wenn wir ihm im vierten Akt im Hochgebirge wieder begegnen, voller Tatendurst finden. Es wäre eine eigene und reizvolle Betrachtung wert, einmal zu untersuchen, wie dieser ganze Weg, den Faust nimmt durch die griechische Welt, die Begegnung mit Helena, dem Urbild der Schönheit, die Zeugung des Euphorion, wie all das eigentlich Vorbedingungen, Grundlagen sind für seinen jetzt ganz und gar voll erwachten Tatendurst und Schöpfungsdrang.
Wie äußert sich dies nun? Faust sagt zu Mephisto:

FAUST
… dieser Erdenkreis
Gewährt noch Raum zu großen Taten.
Erstaunenswürdiges soll geraten,
Ich fühle Kraft zu kühnem Fleiß. [10181–10184]

Wie begegnet ihm nun Mephisto? Mephisto versucht, Fausts Wunsch in eine bestimmte Richtung zu interpretieren:

Mephistopheles
Und also willst du Ruhm verdienen?
Man merkt's, du kommst von Heroinen. [10185–10186]

Mephisto möchte Faust verführen mit der Aussicht auf Ruhm. Ruhm ist eine typische Versuchung des tätigen Menschen: er zielt auf Steigerung des Egoismus durch ein erhöhtes Selbstgefühl. Also wieder eine ganz und gar luziferische Versuchung. Aber darauf geht Faust überhaupt nicht ein, das interessiert ihn in diesem Moment gar nicht:

Faust
Herrschaft gewinn' ich, Eigentum!
Die Tat ist alles, nichts der Ruhm. [10187–10188]

Für eine andere Versuchung dieser Sphäre des tätigen Menschen, die auch wieder in sich sehr aspektreich ist, ist Faust viel empfänglicher, verführbarer, nämlich für all das, was mit der *Macht* zusammenhängt. Das wird ganz offenbar, wenn wir dem hundertjährigen Faust im fünften Akt in seinem Palast wiederbegegnen, nachdem er schon viele Jahre und Jahrzehnte gewirkt hat, dem Meer viel Land abgerungen wurde. Zunächst aber werden wir in die Welt von Philemon und Baucis eingeführt, in die kleine, gastfreundlich-warme Welt dieses alten Paares. Hier haben wir ein *Paar* – schon das ist tief sprechend –, und dann kommt der Wanderer als Gastfreund hinzu. Wir erleben hier eine soziale Gemeinschaft voller Wärme, eine soziale Gemeinschaft, die eigentlich eine alte Welt repräsentiert.

Faust dagegen begegnen wir als einsamem alten Menschen, den eine gewisse Tragik, ein Düsteres umweht. Wir finden nicht einen Menschen vor, der sozusagen im Wohlgefühl seines Schaffens seit Jahrzehnten selbstzufrieden lebt, ganz im Gegenteil! Faust ist ganz und gar einsam. Abgesehen vom Türmer sind ja nur noch Mephisto und seine Gesellen um ihn. Eine düstere, unzufriedene Stimmung umgibt ihn.

Ihm gehört alles Land, so weit er blicken kann – außer den paar Bäumen, der Kapelle und dem Hüttchen von Philemon und Baucis. Das aber stört ihn, auch das will er seinem Besitz eingliedern.

Das aber ist eine Versuchung der Macht. Macht möchte immer *unbedingt* sein, sie möchte keine Beschränkungen und keine Grenzen anerkennen. Sie respektiert nicht den Willen und das Eigensein anderer Menschen.

Und dann kommt noch etwas anderes zum Vorschein, was Faust hellsichtig in seiner «Lebensrückschau» im Gespräch mit der Sorge erkennt. Da sagt er von sich selbst:

FAUST
Ich habe nur begehrt und nur vollbracht
Und abermals gewünscht und so mit Macht
Mein Leben durchgestürmt; [11437–11439]

Faust hat nur begehrt, also den Wunsch gehabt, und hat vollbracht, also das Ziel des Begehrens erreicht. Er hat immer nur Anfang und Ende erlebt und gewollt. Das ist ganz typisch für den tätigen Menschen, dass er immer nur seinen Plan und dessen realisierte Umsetzung im Auge hat. Was dazwischen ist, der Weg, interessiert Faust überhaupt nicht. Wo eigentlich die reine Tätigkeit lebt, wo es um die Liebe zur Handlung geht, da versagt Faust. Er hat eine, modern gesagt: «Knopfdruckmentalität». Man will etwas, man drückt einen Knopf, und dann muss es gleich da sein. Die Liebe zur reinen Tätigkeit, zum Entstehen, zum Werden, das Bejahen des Weges zwischen Idee und Vollendung – das fehlt Faust vollständig.

Diese Bewusstseinslücke Fausts nutzt Mephisto. Er führt Fausts Pläne aus und versucht in der Ausführung möglichst viel Böses in die Welt einfließen zu lassen. Auch dafür ist die Zerstörung der Philemon-Baucis-Welt ein sprechendes Beispiel.

Faust ist den Versuchungen der Macht – der Unbedingtheit und dem Überspringen des Weges – erlegen.

In dieser Hinsicht ist auch der letzte Monolog Fausts nochmals sehr aufschlussreich. Man kann anhand dieses Monologes ein sehr zwiespältiges Gefühl entwickeln. Einerseits gelingt Mephisto hier noch einmal eine letzte Verführung: Nachdem er Faust mit den eben genannten ahrimanischen Verlockungen der Macht ziemlich auf seine Seite gezogen hat, gelingt ihm hier zuletzt noch ein Angriff von der anderen Seite. In Faust erwacht nämlich nun im Angesicht des Todes doch noch das Bedürfnis nach Ruhm, wenn er sagt:

Faust
Es kann die Spur von meinen Erdetagen
Nicht in Äonen untergehn. [11583–11584]

Rudolf Steiner kommentiert diese Szene mit ziemlich krassen Worten. Folgt man ihm, erliegt Faust hier einem «ganz luziferisch-wonnige[n] Gefühl, einer höchste[n] Ewigkeitsbegierde». In «wüst-geistig egoistischer Weise» fühlt Faust «seinen Ruhm durch Äonen».[12] Das heißt: in seiner buchstäblich letzten Sekunde erweist sich Faust doch noch als anfällig für die Verführung des Ruhmes, wenn auch des nachtodlichen.

Auf der anderen Seite findet sich jedoch in diesem Monolog noch etwas, was keimhaft in eine ganz andere Richtung geht und was der Potenz nach die Möglichkeit hätte, zwischen den oben gekennzeichneten Verführungen des tätigen Menschen – Ruhm und Macht – sozusagen die gesunde Mitte zu bilden, das Gleichgewicht herzustellen.

Der letzte Monolog wird in den meisten «Faust»-Interpretationen sehr positiv behandelt, weil Faust hier seinen Wunsch schildert, für die Menschheit wohltätig zu wirken.

Faust
Eröffn' ich Räume vielen Millionen,
Nicht sicher zwar, doch tätig-frei zu wohnen. [11563–11564]

Und da sieht er sich dann in der Vision:

Faust
Auf freiem Grund mit freiem Volke stehn. [11580]

Das ist die Vision, das ist die Aussicht, mit der Faust stirbt. Und «im Vorgefühl von solchem hohen Glück» äußert er dann die entscheidenden Worte der Paktszene – wenn auch im Konjunktiv:

FAUST
Zum Augenblicke dürft' ich sagen:
Verweile doch, du bist so schön! [11581–11582]

Es wächst hier, möchte ich sagen, doch etwas in Faust heran, was man einen Keim von Brüderlichkeit nennen könnte. Er will tätig sein im Hinblick auf das Wohl anderer.

Aber, vermischt mit der oben erwähnten Ruhmbegierde, ist es wirklich erst ein Keim dieser Seelenqualität: einer Tätigkeit, die sich genug ist in der Liebe zur Handlung und die das Wohl des/der anderen Menschen im Auge hat.

Hier hat Faust von den drei betrachteten Ebenen den Abirrungsverführungen nach beiden Seiten noch am wenigsten entgegenzusetzen. Auf der *Erkenntnisebene* ist er deutlich weitergekommen und hat sich eine tiefere Art von Natur- und Welterkenntnis, eine gewisse Weisheit errungen. Auf der *seelischen Ebene* hat sich ein echtes Liebesgefühl Gretchen gegenüber entwickelt. So weit ist er auf der Willens-, auf der *Tätigkeitsebene* nicht gekommen. Hier konnte er den Versuchungen Mephistos am wenigsten entgegensetzen – auf der einen (ahrimanischen) Seite der Verlockung mit Macht und Herrschaft, auf der anderen (luziferischen) Seite der Verheißung eines verfeinerten Egoismus in Form ewigen (Nach-)Ruhms.

Nun kann man sich fragen, warum Faust gerade auf dieser letztgenannten Ebene am wenigsten entgegensetzen kann. Warum findet sich die tiefste, die stärkste Versuchung gerade auf dieser Ebene der schaffenden Tätigkeit?

Ich denke, dass wir heutigen Menschen dafür besonderes Verständnis haben. Denn wir erleben in noch gesteigerter Form, was im zweiten Teil des «Faust» angedeutet ist. Wir sehen ja, dass überall, wo Faust tätig sein will, er der Hilfe des Mephistopheles bedarf. Mephisto erfindet das Papiergeld, was letztlich im Reich des Kaisers zu Umbrüchen und Revolutionen führt; Mephisto fördert die Laborerzeugung des künstlichen Menschen, des Homunculus; Mephisto führt einen merkwürdigen Krieg mit suggestiv-imaginären Mitteln; Mephisto schafft die technisch-dämonischen Voraussetzungen, um dem Meer Land abzugewinnen. Und überall, wo dem Teufel so das Feld überlassen bleibt, entstehen soziale Katastrophen, wie uns in «Faust» deutlich vor Augen geführt wird. Im ersten Teil wirkt das Böse noch sozusagen nur unglückbringend im unmittelbaren Umfeld von Faust, in der kleinbürgerlichen Welt Gretchens und ihrer Familie; im zweiten Teil führt das Tätigsein von Faust und im Verbund mit ihm Mephisto zu großen gesellschaftlichen Eingriffen.

Ist das im Grunde nicht unsere heutige Situation? Wir klonen Tiere und menschliche Embryonen, indem wir an den Grundlagen des Lebens manipulieren; wir jonglieren und spekulieren mit Derivativen und Fonds, mit imaginärem

Geld, dem keine reale Leistung entspricht; wir nutzen Tag für Tag in Form der Computer Maschinen, deren Funktionsweise die meisten von uns nicht verstehen. Auch wir machen überall das Machbare, ohne die Folgen zu hinterfragen, ohne die Folgen zu bedenken, ohne auf den Weg zu achten. Auch wir haben diese technomane Ungeduld wie Faust, die «Knopfdruckmentalität», die unbedingt alles sofort erreichen will.

Überall, wo wir heute tätig sein wollen, müssen wir uns der Mittel bedienen, die wir nicht durchschauen und nicht verstehen, das heißt, nicht eigentlich innerlich begleiten können. Wie Faust mangelt es auch uns oft an der Liebe zur Handlung, und auch uns fehlt oft dieser Antrieb zur Brüderlichkeit, der Blick auf den anderen.

Goethe hat ja mit wachem Gespür die ersten Morgenzeichen dieser durch und durch technisierten Welt erkannt und insbesondere in seinen Alterswerken wie dem «Faust II» und «Wilhelm Meisters Wanderjahren» vor den Folgen gewarnt. Und doch, trotz allem, lässt er einem solchen Menschen wie Faust, der sich mit dem Bösen verbündet hat, Erlösung zuteil werden. Warum?

Nun müssen wir zum Schluss hier noch kurz den makrokosmischen Rahmen einbeziehen, in den das «Faust»-Drama hineingestellt ist. Schon im Prolog, wo ja zwischen Teufel und Gott über Faust, den Menschen, verhandelt wird, wird deutlich vor Augen gestellt, dass und wie das Böse zum Menschsein dazugehört. So sagt der Herr im Prolog:

Der Herr
Des Menschen Tätigkeit kann allzuleicht erschlaffen,
Er liebt sich bald die unbedingte Ruh;
Drum geb' ich gern ihm den Gesellen zu,
Der reizt und wirkt und muss als Teufel schaffen.
[340–344]

Tiefe Weisheit spricht sich in diesem Wort aus: Der Teufel ist der *Geselle* des Menschen, ist sein ständiger Begleiter, gehört zu seiner Entwicklung. Damit der Mensch nicht erschlafft, muss der Teufel reizen und wirken, und es muss der Mensch sich in gewisser Art mit ihm verbünden.

Gerade in dieser Auseinandersetzung mit dem Bösen ist aber Goethes Faust ganz und gar ein Faust der Moderne. Im Volksbuch des 16. Jahrhunderts, im Umbruch vom Mittelalter zur gerade erst heraufdämmernden Neuzeit, hatte man noch kein Verständnis gehabt für diese evolutiv-positive Rolle des Bösen. Der Faust des Volksbuches muss dem Teufel in die Hölle folgen. Er hat ein Tabu gebrochen, er hat den Kreis dessen, was dem Menschen angemessen ist, überschritten, indem er sich mit dem Bösen verbündet hat.

Das gilt nicht mehr für den Faust des 19. Jahrhunderts. Es gehört zu seinem Menschsein, Menschwerden, sich mit dem Bösen auseinanderzusetzen. Der Böse ist sein Geselle, ist sein ständiger Begleiter. Der Mensch kann ihn nicht meiden, wenn er in eine Entwicklung eintreten will. Er muss sich auf ihn einlassen, um sich an und durch ihn zu entwickeln. Jedoch darf er sich ihm nie ganz überlassen, er muss sich in dieser Auseinandersetzung mit den zwei Seiten des Bösen behaupten. Er kann sich, wie es der Herr im Prolog auch ausspricht, «des rechten Weges wohl bewusst» sein, wenn er seinem dunklen, zunächst kaum bewussten «Drang» folgt, wenn er die innere Stimme des Gewissens hört.

In dieser fortwährenden Auseinandersetzung mit dem Bösen ist Goethes Faust ganz und gar ein Repräsentant des modernen Menschen, wie Manfred Osten es darlegt. Aber Osten hat kein Verständnis für die Notwendigkeit dieser Auseinandersetzung mit dem Bösen in unserer Zeit. Er sieht nur den scheiternden, nicht den ringenden Faust. Er hat gar keinen Sinn für die Notwendigkeit von Fausts Streben, seinem Vorwärtsdringen-Wollen.

In diesen Ausführungen konnten nur einige wenige Aspekte, nur einige wenige Gesichter des Bösen betrachtet werden, und zwar vor allem die Aspekte, die Faust direkt betreffen. Man könnte auch durch das Drama gehen und sich anschauen, mit welchen Seiten des Bösen Wagner, Marthe, der Kaiser, Gretchen oder Valentin zu ringen haben – da würden sich noch viele weitere Variationen dieser Grundthematik ergeben. Immer jedoch würden wir sehen können, dass diese Reizung durch das Böse notwendig ist, damit der Mensch einen Schritt weiter geht – auch wenn er damit zunächst seine himmlische Unschuld und seine Ruhe verliert. Es wird dies ja ganz urbildlich auch an der Figur Gretchens dargestellt.

Mephisto selbst spricht es Faust gegenüber aus, dass er ein

Teil von jener Kraft sei, die stets das Böse will und stets das Gute schafft [1335f.] Das ist nur zum Teil wahr. Denn das Böse kann reizen und wirken – aber ein Gutes daraus schaffen kann nur der Mensch, der Mensch, der sich in die Auseinandersetzung mit dem Bösen begibt. Das ist natürlich ein fortwährender Prozess, keine ein für alle Mal abzuschließende Angelegenheit. Und die wichtigste Eigenschaft, die der Mensch dabei haben muss, ist die, die durch Faust urbildlich repräsentiert wird: das nie nachlassende Streben, das Immer-weiter-gehen-Wollen. Denn, wie es dann in der «Himmelfahrt» heißt:

Engel
Wer immer strebend sich bemüht,
Den können wir erlösen. [11936–11937]

Wir haben diese Ausführungen mit einem Goethe-Wort angefangen, mit einem Goethe-Wort sollen sie abgeschlossen werden: Es gibt ein Wort über Mephisto, das nicht aus dem «Faust» stammt, sondern aus den «Zahmen Xenien». Es belegt, was Rudolf Steiner sagt: dass Goethe sich der Zwiespältigkeit, der Doppelgesichtigkeit des Mephisto halb bewusst war:

Mephisto scheint ganz nah zu sein!
Es däucht mich fast, er spricht mit ein.
In manchen wunderlichen Stunden
Hat er sich selbst das Maul verbunden,
Doch blickt er über die Binde her
Als wenn er ein doppelter Teufel wär.[13]

Sergej O. Prokofieff

Goethes «Faust» und das Geheimnis des Menschen[14]

1. *Die Bedeutung des Dramas*

Am «Faust» hat Goethe sein ganzes Leben lang gearbeitet. Zweifellos gehört dieses Drama zu den zentralen Werken des großen Dichters. Er hat seine intimsten Gedanken und Gefühle in dieses Werk hineingelegt. Deshalb kann man in der gebotenen Kürze nur auf einzelne Aspekte des Ganzen eingehen.

Rudolf Steiner wies oft darauf hin, dass Goethe ein wirklicher Repräsentant unserer ganzen Kulturepoche war. Tatsächlich werden im «Faust» viele entscheidende Fragen entwickelt und dargestellt, die uns auch heute noch existenziell betreffen. Auch wenn dieses Werk vor über 170 Jahren geschrieben wurde, so bleibt es doch in gewisser Beziehung ein Schlüssel, mit dessen Hilfe wir unsere Zeit verstehen können. Darin liegt unter anderem ein gewichtiger Grund, warum man sich immer wieder mit Goethes «Faust» beschäftigen sollte.

2. *Das Wesen des Menschen*

Ein Hauptproblem der heutigen Zeit ist die Tatsache, dass trotz der großartigen Entwicklung von Wissenschaft und Technik, die auf vielen Gebieten unsere Zeit prägen, für den Menschen selbst etwas Entscheidendes zunehmend verlorengegangen ist. Und Goethe war sich schon im achtzehnten Jahrhundert bewusst, dass das Wesen des Menschen nicht mehr verstanden wurde. So ist ein wichtiger Aspekt im «Faust» die Suche nach dem Wesen des Menschen. Rudolf Steiner erwähnt es immer wieder: Die Welt um uns herum ist eine Frage, die Antwort auf diese Frage ist der Mensch.

So wie Faust hat auch Goethe ganz inbrünstig die Natur studiert – bis hin zur Vereinigung mit ihren Quellen. Sie wirklich erkennen kann er nur, wenn er das Rätsel des Menschen zu lösen vermag. Das Rätsel des Menschen ist aber allein auf dem Wege der Selbsterkenntnis zu lösen, die am Ende in echte Welterkenntnis mündet. Und das ist das Grundmotiv dieses Dramas: die Suche nach der Selbsterkenntnis, die dann stufenweise in Welterkenntnis übergeht, und zwar in eine solche, wo man sich nicht bloß erkenntnismäßig, sondern wesenhaft, doch ohne sich selbst dabei zu verlieren, mit der Welt verbindet, das heißt, indem man durch einen Prozess geht, der als eine Art geistige Kommunion bezeichnet werden kann. Die Kommunion ist hier aber nicht im kirchlichen Sinne zu verstehen, sondern als existenzielle Verbindung des eigenen Wesens des Menschen mit der Welt.

Goethe
Zeichnung von Karl Bauer (1868–1942)

Betrachten wir zuerst die Komposition des gesamten Dramas, in der dieses Hauptanliegen Goethes in Erscheinung tritt. Nicht allein im Inhalt, sondern auch in der ganzen Komposition wird es sichtbar. Es geht um das Rätsel des Menschen, das Goethe hier hineingeheimnisst hat. Um es vollständig zu lösen, müsste man die ganze Anthroposophie heranziehen. Wir beschränken uns jedoch auf nur einen Aspekt, den Rudolf Steiner unter anderem in seinem Buch «Theosophie» beschrieben hat. Dort stellt er das Wesen des Menschen als aus zunächst vier Gliedern bestehend dar. Mit seinem Ich oder seinem Geist ist jeder Mensch ganz einmalig; er ist ein Ebenbild der Gottheit, so wie auch Faust dieses Wort aus der Bibel zitiert. Des Weiteren besteht der Mensch aus seiner Seele oder dem Astralleib. Durch diesen ist er wesensverwandt mit allem, was in der Welt fühlen und empfinden kann. Durch seinen Ätherleib ist der Mensch verwandt mit allem, was um ihn herum wächst, gedeiht und sich vermehrt. Schließlich besitzt der Mensch als seine äußerste Hülle den physischen Leib, durch den er verwandt ist mit der Welt der toten Materie, mit der Welt der Mineralien, deren Kräfte wir vor allem in unserem Knochensystem tragen.

Wenn wir so das Menschenwesen als viergliedrig betrachten, kann ein wichtiger Aspekt der Selbsterkenntnis darin bestehen, dass der Mensch von seinem Ich ausgehend durch die weiteren drei Glieder seiner Natur erkennend hindurchgeht. Mit seinem Ich-Bewusstsein geht er durch die Stufen des Astralleibes, des Ätherleibes, bis zum physischen Leib, der ihn mit der ganzen Sinneswelt, die ihn umgibt, verbindet. Und wir werden sofort sehen, wie diese Betrachtungsweise wesentliche Gesichtspunkte zu einem tieferen Verständnis des «Faust» offenbart, auch wenn das Folgende nur *einen* Aspekt dieses gewaltigen Dramas darstellt, denn seine Tiefen sind wahrhaft unerschöpflich.

3. *Der Zyklus des Menschenlebens*

Bevor wir jedoch auf die Einzelheiten eingehen, müssen wir noch etwas anderes in Betracht ziehen. Zum eigentlichen Korpus des Dramas fügt Goethe am Anfang den «Prolog im Himmel» und am Schluss die so genannte «Himmelfahrt» Fausts hinzu. Das sind zwei Szenen, die rein im Übersinnlichen verlaufen. Betrachtet man das gesamte Drama wie ein Menschenleben, kann man sagen: Der Prolog weist auf die Zeit hin, in der der Mensch sich noch vor seiner Geburt in der geistigen Welt befindet; der Abschluss des Dramas dagegen, in der Szene der «Himmelfahrt», weist auf das nachtodliche Leben des Menschen hin. Nimmt man nun die so genannte Ariel-Szene am Anfang des zweiten Teiles hinzu, die die Mitte des gesamten Geschehens bildet, so zeigt sich hier noch eine weitere Möglichkeit der Verbindung mit der geistigen Welt, und zwar die des Schlafes, während dessen der Mensch jede Nacht unbewusst in der geistigen Welt weilt. So sehen wir in diesem Drama den ganzen Zyklus eines Menschenlebens. Da Goethe aber nicht nur das nachtodliche Dasein des Menschen anspricht, sondern darauf hinweist, dass der Mensch auch in der vorgeburtlichen Welt wurzelt, deutet offensichtlich die ganze Komposition des Dramas auf den Gedanken der Reinkarnation hin, denn dieser Gedanke kann nur verstanden werden, wenn zu dem Nachtodlichen auch das Vorgeburtliche hinzugenommen wird. Dass der Gedanke wiederholter Erdenleben des Menschen Goethe nicht fremd war, bezeugen viele seiner Äußerungen, auch im «Faust», vor allem aber einige seiner Gedichte, in denen er direkt davon spricht, dass der Mensch nicht einmal, sondern mehrere Male auf die Erde wiederkehrt.[15]

4. *Das Drama als Mensch*

Blicken wir nun von diesem Standpunkt genauer auf die gesamte Gestaltung des Dramas: Es geht hier nicht allein um die Selbsterkenntnis eines Menschen, dessen Leben für unsere Zeit besonders repräsentativ ist, sondern es geht um etwas, von dem man sagen kann, dass sogar kompositorisch dieses Werk von Goethe *wie ein Mensch* ist. Es stellt in sich selbst in gewisser Beziehung ein Menschenwesen dar.

5. *Die Stufen der Selbsterkenntnis*

Ich-Stufe

Betrachten wir die vorher angesprochenen vier Stufen nun genauer. Das Drama beginnt damit, dass Faust sich, enttäuscht von der abstrakten, verstandesmäßigen Wissenschaft, der Magie zuwendet. Als einen ersten Schritt beschwört er den Geist der Erde. Rudolf Steiner hat dieser Gestalt viele Interpretationen gegeben, unter anderem auch die, dass Faust in diesem Geist sein höheres Ich erlebt, dasjenige, was er einmal werden wird, was er aber weitgehend noch nicht ist. Deshalb wird er von diesem hohen Geiste zurückgeworfen und auf sich selbst gewiesen. So haben wir in dieser Begegnung zwischen dem Erdgeist und Faust die erste Stufe der Annäherung des Menschen auf dem Wege der Selbsterkenntnis zu seinem höheren Wesen, die sich nur beschreiben lässt als eine Begegnung von Ich zu Ich. Deshalb finden wir in diesem Dialog des Faust mit dem Erdgeist zweimal das bedeutende Wort «Ich bin». «Da bin ich», sagt der Geist bei seinem Erscheinen – «Ich bin's, bin Faust», antwortet der Mensch. Hier findet die erste wesenhafte Ich-Begegnung statt.

Im weiteren Verlauf des Dramas folgt dann das Treffen mit Mephisto, die auch auf dieser Ich-Ebene liegt. Mephistos Ziel ist, sich Fausts Ich zu bemächtigen, er kann jedoch an dieses Ich nicht direkt herankommen, weil es göttlicher Natur ist und ihm deshalb unzugänglich bleibt. So wühlt er zunächst nur im Astralleib, in der Seele von Faust. Doch gerade des Göttlichen in ihm möchte er sich am Schluss bemächtigen, und deshalb geschieht der Pakt zwischen Mephisto und Faust so, dass Faust ihn mit einem Tropfen Blut unterschreiben muss. Wir wissen: Blut ist deshalb «ein ganz besondrer

Saft», weil die Kräfte des menschlichen Ich im Blute zur physisch-sinnlichen Offenbarung gelangen. Damit wird auf ein Zweifaches hingewiesen: dass in diesem Pakt erstens das Ich des Menschen auf dem Spiel steht, und zweitens, dass Mephisto hier der Kraft des Ich im Menschen gegenübertritt.

Seelische Stufe

Nun geht aber die Entfaltung des Dramas weiter. Zunächst versucht Mephisto das Ich von Faust, an das er ja direkt nicht herankommen kann, doch auf eine andere Weise auszulöschen. Er weckt alle Leidenschaften, die ganze Sinnlichkeit Fausts auf, damit dieser im Rausch der Leibesgelüste allmählich sein Ich selber aufgibt und es verloren geht. Wir wissen, wie der erste, anfängliche Versuch in dieser Richtung schon in Auerbachs Keller unternommen wird. Aber für Faust ist diese erste Versuchung so primitiv und plump, dass er überhaupt nicht auf sie eingeht. Daraufhin läuft das ganze Geschehen ins Magische zurück, was in der Hexenküche dargestellt ist.

Schon die Begegnung mit dem Erdgeist hat Faust durch rein magische Mittel erzwungen. Er will noch keinen echten Einweihungsweg, keinen regelrechten Weg der inneren Entwicklung gehen. Er vermag sich noch nicht selber zu verwandeln, sondern will nur durch äußere, magische Mittel die geistige Welt zur Erscheinung zwingen und beherrschen. Das ist ein weiterer Grund, warum er von dem Erdgeist auf sich selbst zurückgeworfen wird und von da an den langen Weg der Einweihung durch das Leben gehen muss. Mephisto begleitet ihn auf diesem Weg, um ihn auf jeder Stufe zu hindern, um seine ganze Entwicklung zu entstellen, zu verderben.

Der eigentliche Weg der Lebenseinweihung, der zu gleicher Zeit die wahre Selbsterkenntnis beinhaltet, beginnt nun für Faust dadurch, dass er in der Hexenküche als Folge dessen, was dort mit ihm geschieht, die neue Möglichkeit bekommt, auf magische Art, das heißt ohne die entsprechenden Fähigkeiten eigenständig in sich entwickelt zu haben, in die geistige Welt zu schauen. Dadurch wird ihm der Weg der Selbsterkenntnis schon weitgehend entstellt. Durch den Hexentrank tritt Faust in Verbindung mit allem Niedrigen, was in seinem Astralleib lebt. Deshalb kann er schon bald nicht mehr erkennen, was er eigentlich in seiner Beziehung zu Gretchen sucht. Denn was er bei Gretchen von Anfang an ahnt, erfahren wir erst am Ende des Dramas bei der «Himmelfahrt», wenn Gretchen für Faust die Führerin in die höheren Gebiete der geistigen Welt wird, wo eine wesenhafte Verbindung seines Ich mit dem göttlichen Dasein überhaupt erst möglich wird. Erst hier offenbart sich vollständig, was Faust in Gretchen in Wirklichkeit sucht: das Ewig-Weibliche, das himmlische Urbild des Menschen.

Doch durch Mephisto und den magischen Trunk, den Faust in der Hexenküche zu sich nimmt, wird das ganze Streben Fausts bis zur völligen Unkenntlichkeit entstellt. Noch folgt Faust in einem gewissen Grad seinem Ideal bis zu der Szene in «Wald und Höhle». Bis dahin kann Faust sich noch in seinem Ich bewusst halten, so weit wirkt in ihm noch ein Nachhall seiner Begegnung mit dem Erdgeist und dadurch mit seinem eigenen höheren Ich. Aber dann erscheint in dieser Szene plötzlich Mephisto, und mit seinem Zynismus zerstört er die Beziehung Fausts zu seinem höheren Wesen. Fausts Ich-Bewusstsein verdunkelt sich, und Mephisto stürzt ihn in die Tiefen seiner niederen Astralität, seiner Sinnlichkeit. Daraus entsteht die ganze Tragödie mit Gretchen und all ihren katastrophalen Folgen. Um aber Faust nicht erkennen zu lassen, was er da eigentlich getan hat, das heißt, um sein Gewissen, diese göttliche Stimme im Ich des Menschen, nicht aufwachen zu lassen, führt ihn Mephisto in die «Walpurgisnacht», wo Faust durch alle Stufen seelischer Verirrung geht.

Entscheidend sind hier die Worte Mephistos, die auf die ganze Tiefe der Verwirrung des menschlichen Ich auf dieser Stufe hinweisen:

Der ganze Strudel strebt nach oben;
Du glaubst zu schieben und du wirst geschoben.
[4116–4117]

Doch auch in dieser Situation versucht Faust allem zum Trotz sein Ich-Bewusstsein in dem ihn umgebenden Chaos aufrechtzuerhalten:

Dass ich mich nur nicht selbst vergesse! [4114]

Und das wird am Schluss seine Rettung sein.
Die ganze Szene der «Romantischen Walpurgisnacht» ist aufgebaut als allmähliches Steigen auf den Gipfel des Blocksberges, wo man, je höher man steigt, umso mehr nicht die Wahrheit, sondern ihr Gegenbild findet und somit in immer größere Versuchungen der Sinnlichkeit gestoßen wird. Doch gelingt es Faust, sein Ich nicht ganz zu verlieren, deshalb ist er am Ende fähig, das zu sehen, was Mephisto selbst nicht sehen kann: Inmitten des Gewimmels sieht er plötzlich das künftige Schicksal von Gretchen, und seine Reue und Liebe zu ihr bringen ihn zurück zur Erde. Somit kann er diese erste Prüfung im eigenen Astralleib bestehen. Er kehrt zu Gretchen zurück und versucht sie zu retten.

6. *Die Stufen der Welterkenntnis*

Ariel-Szene und Kaiserhof

Aber der Weg von Fausts Selbsterkenntnis geht weiter. Jetzt geschieht der Übergang von der Selbsterkenntnis im Astralleib zur Selbsterkenntnis im Ätherleib. Dieser Übergang findet genau im Moment von Fausts Aufwachen in der Ariel-Szene statt. Denn im Schlaf sind das Ich und der Astralleib vom Ätherleib und vom physischen Leib getrennt. Beim Aufwachen fügen sich diese beiden Paare der Wesensglieder des Menschen wieder zusammen. Deshalb muss dort, wo ein Übergang geschaffen werden soll von der Selbsterkenntnis

im Astralleib zur Selbsterkenntnis im Ätherleib, dieser Prozess sachgemäß mit einem Aufwachen anfangen.
Nun beginnt die Wanderung Fausts auf dem Wege der Selbsterkenntnis durch die Welt, die mit seinem Ätherleib verbunden ist. Das ist die Welt der ständigen Bewegung, des Rhythmus, auch des Wassers. Denn dieses ist auf der Erde ein Abbild des Ätherischen, das seinerseits mit der ganzen Sphäre der Welterinnerungen verbunden ist, wo die Kräfte der Vergangenheit in die Gegenwart fließen.
Dieser Übergang aus der astralischen Welt in die ätherische ist zugleich der erste Schritt von der Selbsterkenntnis zur Welterkenntnis. Deshalb muss der Beschwörung Helenas aus der Tiefe der Welterinnerung die ganze Szene am Kaiserhof mit ihrer Kulmination im «Mummenschanz» vorausgehen. Hier, im Rausch des äußeren Geschehens, unterschreibt der Kaiser in dem Moment, als er durch den Schreck des Zauberfeuers wie aus sich heraus gerät und somit für einen Augenblick sein Ich-Bewusstsein verliert, einen Befehl, der die ganze Situation in seinem Königreich im Sinne Mephistos verändert. Denn nach einer kurzen, scheinbaren Verbesserung der Verhältnisse gerät das ganze Land bald in noch größere Not und zum Schluss sogar in den Krieg. Auch dies ist ein ganz aktuelles Motiv, weil heutzutage Menschen, vor allem Staatsmänner, immer wieder Taten ausführen, die sie nicht mehr imstande sind mit ihrem wachen Bewusstsein zu begleiten und zu kontrollieren. Der benebelnde Einfluss der Medien, die Massensuggestion in Werbung und Propaganda

aller Art, die alle nur das Ziel haben, das Ich des Menschen zu verwirren, dies alles hat Goethe unter anderem in diesen Szenen auf künstlerische Weise glänzend vorweggenommen.
Das Einfügen dieser Szene offenbart aber noch ein weiteres kompositorisches Geheimnis des ganzen Dramas. Seine vier Hauptebenen, die dem Aufbau des Menschen entsprechen, folgen nicht nur nacheinander, sondern durchdringen einander immer wieder. So haben wir zum Beispiel in das «astralische» Geschehen der «Walpurgisnacht» Szenen aus der physischen Welt hineingeschoben. Zum gleichen Kunstgriff greift Goethe in der Szene am Kaiserhof und an vielen anderen Stellen seines Dramas, wodurch sein Gewebe außerordentlich kompliziert und vielschichtig wird.

Ätherische Stufe

Zwei Hauptmotive begleiten jetzt die Wanderung Fausts durch die Ätherwelt im Prozess der weiteren Entfaltung seiner Selbsterkenntnis, die sich in seinem Ätherleib allmählich in Welterkenntnis verwandelt. Es ist einerseits das Motiv des Homunculus, andererseits das Motiv von Helena und Euphorion, ihrem gemeinsamen Sohn. In Homunculus haben wir das Bild der künstlichen Erzeugung eines Menschen, das heute durch die sich immer weiter verbreitende Praxis des Klonens, von Genmanipulation und künstlicher Befruchtung äußerst aktuell ist.[16]
Homunculus stellt ein Halbmenschenwesen dar, an dessen Entstehen auch Mephisto entscheidend beteiligt ist, das aber

unbedingt ein volles Menschenwesen werden möchte. Dafür muss es durch alle Stufen des Menschwerdens hindurchgehen, die in der «Klassischen Walpurgisnacht» durch die verschiedensten Gestalten vertreten sind. Zuerst erscheinen dort die untermenschlichen Wesenheiten: Greifen, Sphinxe, Ameisen, Daktylen und so weiter; dann Wesenheiten, die halbmenschlich sind wie der Kentaur Chiron; dann die eigentlichen Menschen in der Gestalt zweier Philosophen und zum Schluss die Wesenheiten, die schon halb übermenschlicher Natur sind: Galatee, Nereus, Proteus und einige andere. Durch alle diese Stufen geht die Entwicklung des Homunculus und endet damit, dass er im Meer an der Muschel von Galatee sein Glas zerschellt, um sich ganz mit der Substanz des Ätherischen zu verbinden und sich darin aufzulösen. Damit ist die eine Gefahr dargestellt, die Faust auf diesem Wege auflauert – aufzugehen in der Mannigfaltigkeit der Natur, auf rein ätherisch-elementarer Ebene mit der Natur eins zu werden, so dass dabei das Ich des Menschen und damit das Ziel der Erdenentwicklung verloren geht.
Die zweite Gefahr besteht in der Begegnung mit Helena. Ihrer Erscheinung geht der bekannte Gang Fausts zu den Müttern voraus, zu jenen geheimnisvollen Wesenheiten, die in der Welt der ewigen Urbilder, vor allem des Ätherischen, leben. Denn nur mit ihrer Hilfe kann Helena heraufbeschworen werden. Die Verbindung mit ihr führt dann zur Geburt eines Kindes. Euphorion entspringt Helena, die das Prinzip der reinen Schönheit, das im Ätherleib des Men-

schen wurzelt, darstellt. Deshalb fehlt ihm auch die wirkliche Moralität und somit jegliche Verantwortung für die Weltentwicklung. Zugleich ist Euphorion ein Bild für die schöpferische Potenz des Menschen. Er ist Geist der Poesie, Geist der Kunst überhaupt, ein Sinnbild für all das, was der Mensch als Schöpfer aus sich selbst hervorbringen kann. Doch was ihm noch fehlt, muss durch innere Arbeit des Menschen an sich selbst gewonnen werden: die moralischen Kräfte in der Kunst und somit eine richtige Beziehung zu der geistigen Welt.

Nun zeigt Goethe in dieser Szene ganz klar, dass die schöpferische Kraft des Menschen, die in Euphorion lebt, aus der Vergangenheit kommt, aus dem archaischen Griechenland, wo zwar noch eine alte Erkenntnis über das Wesen des Menschen aufbewahrt wurde, jedoch in einer Form, die heute nicht mehr zeitgemäß ist. Deshalb zerbricht das Ganze sofort bei dem Versuch, diese Vergangenheit in die Gegenwart zu bringen und da festzuhalten. Euphorion steigt auf einen steilen Felsen und springt im Übermut von dort herab. In seinem Versuch zu fliegen stürzt er ab, und zwar nicht bloß zurück auf die Erde, sondern noch tiefer, in die düstere Unterwelt, und er zieht Helena dorthin mit.

Das ist die zweite große Versuchung Fausts, die er jetzt in seinem Ätherleib erlebt: mit dem Ich eigenwillig und ohne jegliche Verantwortung für die Weltentwicklung in die Ätherhöhen zu steigen und von dort in kühnem Flug zu stürzen, um Helena mit Euphorion zu folgen. Aber Faust tut das nicht. Er lässt sie in die Unterwelt entschwinden und behält nur das Kleid Helenas als die schöpferische Kraft, die er jetzt nicht mehr in der Ätherwelt der Vergangenheit benutzen möchte, sondern in der Gegenwart, auf der Erde selbst in seinem physischen Leibe. Mit anderen Worten: er will jetzt aus dieser neu gewonnenen Kraft in der physischen Welt eigenständig schöpferisch werden.

Physische Stufe

Nun kommen wir zum letzten Teil des Dramas. Jetzt entfaltet Faust seine Tätigkeit ausschließlich in der physischen Welt. Er will etwas Großes schaffen, aber nicht allein für sich, sondern vor allem für die anderen Menschen. Damit tritt er endgültig aus seinem eigenen Mikrokosmos heraus und stellt sich in die Mitte des Makrokosmos, auf die Bühne der Weltgeschichte. Somit mündet für ihn die auf dem Wege der Initiation durch das Leben erworbene Selbsterkenntnis endgültig in die Welterkenntnis. Dabei erlebt er als Erstes beim Übergang von der ätherischen Ebene auf die physische – den Krieg. Dies ist auch das zutreffende Bild dessen, was geistig gesehen ständig im physischen Leibe stattfindet: der immer währende Kampf der Elemente und der durch sie wirkenden Geistwesen. Nicht allein die Menschen führen Krieg, sondern auch die Elementarwesen und die Dämonen liegen im physischen Leibe des Menschen in einem ständigen Kampf miteinander. Und für den Sieg in diesem Krieg erhält Faust ein Stück des Meeresgrundes geschenkt, ein ganz und gar totes Land.

In diesem ganzen Geschehen ist Mephisto sein ständiger Begleiter. Während er im ersten, «mikrokosmischen» Teil des Dramas mehr luziferische Züge trägt, so zeigt er im zweiten, «makrokosmischen» Teil die immer offensichtlicheren Züge Ahrimans.[17] Oder anders betrachtet kann man sagen: In den ersten Szenen zeigt sich Mephisto mehr auf der menschlichen Ebene, um überhaupt den Pakt mit Faust schließen zu können. Dann aber offenbart er mehr und mehr seine wirkliche Natur: in der «Romantischen Walpurgisnacht» als Vater der Verwirrung und Illusion und somit als Entsteller der Wahrheit, in der «Klassischen Walpurgisnacht» als Sinnbild der Hässlichkeit und in den letzten Szenen des Dramas als das absolut Böse. Damit will Goethe sagen, dass, wenn das Ich des Menschen einen Pakt mit dem Teufel eingeht, es unvermeidlich der Zerstörer von allem Wahren, Schönen und Guten auf der Erde wird.

Das absolut Böse, das Mephisto in der letzten Szene repräsentiert, in dem er alle Taten Fausts in ihr Gegenteil verwandelt, wird am klarsten in der Episode mit Philemon und Baucis, die sogleich bemerken, dass es bei dem großen Projekt Fausts nicht mit rechten Kräften zugeht. Auch Dämonen sind hier am Werke. Was erstrebt Faust eigentlich? Er möchte das Ätherisch-Lebendige, das Meer, zurückdrängen und auf dem Meeresboden, der eine leblose Wüste, etwas ganz Totes ist, eine Art Paradies errichten, jedoch mit Hilfe magischer Kräfte. In der Nacht wird die eigentliche Arbeit von Dämonen, die als Flammen erscheinen, getan. Im Äußeren aber

werden seine Pläne durch Piraterie und Ausbeutung finanziert. Das alles durchschauen die beiden Alten.
Und an dieser Stelle geschieht in dem Drama etwas ganz Besonderes. Faust will Philemon und Baucis nicht töten, sondern nur umsiedeln. Er will ihnen sogar eine viel bessere Behausung einrichten. Doch weil von Mephisto alles entstellt wird, geschieht statt der friedlichen Umsiedlung eine Tragödie, die mit einem Verbrechen endet. Hier tritt das rein Böse Mephistos in Erscheinung. Daraufhin aber verflucht Faust ihn zusammen mit seinen drei bösen Gesellen. Jetzt muss Mephisto, von diesem Fluch getroffen, für eine Weile zurücktreten. Er kann nicht mehr selbst auf Faust einwirken und schickt ihm statt dessen vier dämonische Wesenheiten: den *Mangel*, der auf den physischen Leib einwirkt, die *Schuld*, die sich im Ätherleib einnistet, und die *Not*, die mit dem Astralleib verbunden ist. Sie setzen jetzt die Versuchung von Faust fort. Aber alle drei Prüfungen besteht er. Nur die *Sorge*, die Versuchung des menschlichen Ich, kann an ihn herantreten. Doch auch diese letzte und größte Prüfung besteht Faust. Dies geschieht durch seine Entscheidung, bei der Begegnung mit der Sorge keine magischen Mittel mehr anzuwenden. Mehr noch, er möchte jetzt auf die Magie überhaupt und für immer verzichten:

Könnt' ich Magie von meinem Pfad entfernen,
Die Zaubersprüche ganz und gar verlernen,
Stünd' ich, Natur, vor dir ein Mann allein,
Da wär's der Mühe wert, ein Mensch zu sein. [11404–11407]

Als reines Ich-Wesen, das nur aus seinem individuellen Ich handelt und keine fremden, magischen Kräfte mehr benutzt, will Faust am Ende seines Lebens seinem Erdenschicksal bewusst begegnen und damit seinem eigenen höheren Wesen. Zum ersten Mal im ganzen Drama überwindet er sich selbst und drückt dies mit den Worten aus:

Nimm dich in acht und sprich kein Zauberwort. [11423]

Damit beginnt sein Sieg auf dieser dritten Stufe, der physisch-leiblichen Selbsterkenntnis, die längst von der Welterkenntnis untrennbar geworden ist, auch wenn dieser Sieg mit einer gewissen Niederlage, wie es im realen Leben oft geschieht, verbunden ist. Jetzt nämlich wird Faust blind. Doch bevor er erblindet, kann er die Sorge zurückweisen:

Doch deine Macht, o Sorge, schleichend groß,
Ich werde sie nicht anerkennen. [11493–11494]

Und weil die Sorge sein Ich jetzt nicht mehr angreifen kann – denn in seinem eigenen Ich hat Faust die Sorge schon überwunden –, ergreift sie ihn am Ende seines Lebens im physischen Leib. Dieses Mysterium des physischen Leibes setzt sich vor allem in der weiteren Szene mit den Lemuren fort, die das Wesen des Materiellen im Leibe sichtbar machen, nachdem die Seele des Menschen sich von ihm getrennt hat.

7. Fausts Erleuchtung

Nachdem Faust durch seine Erblindung von der Wahrnehmung der physisch-sinnlichen Welt getrennt ist, geht ihm sein wahres Wesen von innen her auf. Das hat für ihn eine zweifache Folge. Zuerst spricht er von dem inneren Licht, das er jetzt in seiner Seele sieht:

> *Die Nacht scheint tiefer tief hereinzudringen,*
> *Allein im Innern leuchtet helles Licht;* [11499–11500]

Und zum Zweiten findet Faust in diesem inneren Licht für sich einen neuen Wegweiser, der jetzt anstelle Mephistos an seine Seite tritt und ihm eine prophetische Perspektive der Zukunft eröffnet. Goethe stellt dies wunderbar dar, indem er gerade jetzt den physisch erblindeten Faust die entscheidenden Worte sagen lässt:

> *Zum Augenblicke dürft' ich sagen:*
> *Verweile doch, du bist so schön!* [11581–11582]

Und dann weiter:

> *Im Vorgefühl von solchem hohen Glück*
> *Genieß' ich jetzt den höchsten Augenblick.* [11585–11586]

Das Entscheidende dabei ist, dass Faust diese Worte nicht mit einem Genuss der Gegenwart, auf den sich der ganze Pakt mit Mephisto bezieht, verbindet, sondern mit einer Vision der Zukunft, die er nur ahnt und «im Vorgefühl» hat.

Damit zeigt er sich bis zuallerletzt als *werdender* Mensch. Er will in keinem Augenblick ein fertig gewordener Mensch sein, sondern ein immer weiter strebender. So stützt er sich in diesem entscheidenden Moment seines Erdenlebens nur auf die Zukunft, das heißt auf sein höheres Wesen, das ihm nur aus der Zukunft entgegen leuchten kann. Damit findet er in sich selbst die Kraft, die Mephisto hindert, sich seines Ichs zu bemächtigen. Auf diese Weise besteht Faust in gewisser Beziehung auch diese dritte Prüfung. Er selbst verzichtet darauf, die Wüste mit magischen Mitteln in eine paradiesische Welt zu verwandeln. Er möchte nur als Mensch vor der Natur stehen. Er will am Schluss seines Lebens nur aus der reinen Ich-Kraft wirken, mit der er allein sowohl die Sorge als auch Mephisto überwinden kann.

8. Das Wirken des Weltenwortes

Das Ende des Dramas birgt noch eine weitere wunderbare Stelle, die seine ganze Komposition als eine in sich geschlossene Einheit erscheinen lässt. Es wird, nachdem Faust erblindet ist, nicht nur vom inneren Licht gesprochen, sondern auch von dem Wort des Herrn:

> *Des Herren Wort, es gibt allein Gewicht.* [11502]

Diese Stelle kann man zweifach verstehen: zuerst ganz profan und wörtlich, dass sich diese Zeile einfach auf Faust selbst bezieht: Er ist in dieser Situation der Herr des Geschehens. Doch sagt Goethe selber über seinen «Faust», dass er ihn auch für diejenigen geschrieben hat, die in ihm die tieferen Schichten entdecken können: «Dem Eingeweihten wird zugleich der höhere Sinn nicht entgehen» (zu Eckermann am 29.1.1827).

So kann man diese Zeile, die durch Semikolon und Punkt von dem übrigen Text getrennt ist, auch auf das *Weltenwort* beziehen, auf den Logos, dessen himmlische Sprache Faust in seiner Seele zu hören beginnt und dem allein er in seiner Seele das «Gewicht» geben möchte, das heißt, dem er von da an allein folgt.

Als zu Beginn des Dramas Mephisto in der Gestalt des Pudels in Fausts Arbeitszimmer erscheint, ist Faust dabei, den Prolog des Johannes-Evangeliums zu übersetzen. Da spricht er die folgenden Worte in absteigender Reihenfolge, sich unter dem Einfluss des Pudels immer weiter von dem Weltenwort entfernend: das *Wort* – nein, nicht das Wort, sondern der *Sinn;* dann nicht mehr der Sinn, sondern die *Kraft;* und zum Schluss ist es nur noch die *Tat,* die übrig bleibt. Damit ist die ganze Komposition des Dramas schon vorausgesehen. Denn das *Wort* ist mit dem *Ich* des Menschen verbunden, der *Sinn* wird erlebt im *Astralleib,* die *Kraft* entsteht im *Ätherleib,* und die *Tat* wird durch den *physischen Leib* vollzogen. Das sind die vier großen Stufen, die gleichermaßen im Werdegang des Menschen sowie in der ganzen Komposition des «Faust» auf dessen Wege der Lebenseinweihung erscheinen. Und am

Schluss des Dramas, als Faust zur Tat in der physischen Welt übergeht, kommt er nun selber von der anderen Seite, jetzt von der Seite des Makrokosmos oder der Tatenwelt und damit ganz objektiv zurück zum Ausgangspunkt, zu des «Herren Wort», das «am Anfang» steht. Damit bekommt das ganze Drama seine Abrundung, so dass sein Anfang und sein Ende vollkommen miteinander korrespondieren.

9. *Die unerreichte Stufe*

Trotzdem bleibt bei dieser dritten Prüfung Fausts noch etwas ungelöst. Und dieses Ungelöste wird ganz klar, wenn wir zum Thema der Selbsterkenntnis das Thema der Wesensverbindung mit dem Geiste, der geistigen Kommunion, hinzunehmen. Man spürt, dass Faust auf allen Stufen seiner Entwicklung nicht bloß allgemeine, abstrakt-verstandesmäßige Erkenntnis anstrebt, sondern er will sich überall mit dem, was er erkennt, *wesenhaft* verbinden. Er möchte dem Erdgeist zum Beispiel so existenziell begegnen, dass er dabei unterzugehen bereit ist:

> *Und kostet' es mein Leben!* [481]

Bei seinem Erkenntnisringen ist ständig alles aufs Spiel gesetzt. Auch will er in Gretchen das Höchste, das «Ewig-Weibliche» finden, um sich ganz damit zu verbinden, bis in die geistige Kommunion hinein, was dann am Ende des Dramas in der Szene der «Himmelfahrt» erreicht wird. Auch mit Helena will er sich wesenhaft verbinden, um zum Quell der Schönheit und der schöpferischen Kräfte der Welt zu gelangen. Und zum Schluss will er sich ebenso restlos und intensiv mit seinen Erdentaten verbinden, das heißt mit seinem eigenen Schicksal, um jetzt am Ende dieser Lebenseinweihung seinem höheren Wesen bewusst als einer Offenbarung von *Licht, Wort* und *Geist* zu begegnen.

Genügt ein *Geist für tausend Hände.* [11510]

Aber etwas Wesentliches fehlt Faust doch noch auf diesem Wege. Was er eigentlich sucht, ist die volle geistige Kommunion, diese wesenhafte Vereinigung mit dem höheren Dasein, die er nur nach seinem Tode, jenseits der Schwelle zur geistigen Welt, erreichen kann. Das heißt, er kann diese Wesensverbindung mit dem Geiste nicht auf der Erde im physischen Leibe erringen.

Hier bleibt eine große, gewaltige, an unsere Zeit und an die ganze Zukunft der Menschheit gerichtete Frage offen: Wie kann der Mensch sein wahres Wesen finden, sich selbst bis zu seinem Ursprung erkennen, sich mit diesem geistigen Ursprung seiner Wesenheit verbinden, und zwar nicht erst jenseits der Schwelle des Todes, sondern schon hier auf der Erde, aus dem vollen Ich-Bewusstsein heraus?

Rudolf Steiner weist oft darauf hin, dass eine wirkliche Vereinigung des Menschen mit seinem geistigen Urbild auf der Erde nur durch die bewusste Beziehung zu dem Mysterium

von Golgatha möglich ist. Denn nur mit dem Erscheinen des Christus, dadurch, dass an der Zeitenwende das Weltenwort selbst Mensch geworden ist, ist dieses höchste Ziel des «Faust»-Dramas überhaupt erreichbar geworden: das Wort-Werden des Menschen.
Deshalb kommt man im Zusammenhang mit der Frage nach der geistigen Kommunion nicht umhin, auch die Frage nach dem Christus-Impuls in diesem Drama zu stellen. Denn die wahre geistige Kommunion, die zur Erkenntnis des menschlichen Wesens auf existenzieller Ebene führt und damit auch zur Erkenntnis der Welt des Makrokosmos, aus dem der Mensch einmal hervorgegangen ist, ist nicht zu trennen vom Mysterium von Golgatha, in dem das höchste Menschenbild aufleuchtete und womit auch die endgültige Lösung des Rätsels des Menschen gegeben wurde. In diesem Zusammenhang begegnet uns etwas Tragisches im «Faust» von Goethe.

10. *Die drei Versuchungen in der Wüste*

Die erste Berührung Fausts mit dem Christus-Impuls finden wir in der Osternacht, als die Glocken des Ostermorgens verhindern, dass Faust sich das Leben nimmt. Die Anwesenheit des Christus-Impulses kommt hier jedoch nur als eine Erinnerung aus der frühen Kindheit, also wie von außen, und geistig gesehen eigentlich aus dem vorgeburtlichen Dasein. Aber mit seinem vollen Ich-Bewusstsein hat Faust dies noch nicht in sich selbst erkannt und wirklich erfasst. Das Erlebnis bleibt nur wie eine allererste Berührung damit. Doch ist schon diese erste Berührung für alles Weitere von entscheidender Bedeutung. Denn danach folgen, wie wir gesehen haben, die drei mächtigen Stufen der Selbst- und Welterkenntnis: der Durchgang des Ich durch die astralischen, ätherischen und physischen Hüllen des Menschen. Wenn man sie aber genauer betrachtet und in das Licht des nur zart sich meldenden Christus-Impulses stellt, findet man in ihnen einen mikrokosmischen Abglanz dessen, was nach der Jordantaufe auf makrokosmische Weise an Christus selbst als die drei großen Versuchungen in der Wüste herangetreten ist.

So haben wir im Drama zuerst das Bild der «Romantischen Walpurgisnacht», als Faust, von Mephisto geführt, auf den «Berg der Sünden» steigt und dann, auf dem Gipfel stehend, von Mephisto sinngemäß gesagt bekommt: «Schaue alle diese Herrlichkeiten der Sinnlichkeit, dieser niederen Astralität! Vergiss Gretchen, vergiss das Höhere in dir, beuge dich vor mir, und diese ganze Welt des sinnlichen Genusses wird dir allein gehören!» Das aber lehnt Faust ab. Er will statt dessen Gretchen vor ihrem schrecklichen, von ihm selbst verursachten Schicksal bewahren.

Dann kommt in der «Klassischen Walpurgisnacht» die zweite Versuchung. Im Schicksal von Homunculus und Euphorion wird Faust wie «auf die Zinne des Tempels» gestellt und es wird ihm angeboten, sich in die Tiefen der Ätherwelt zu werfen, um wie Homunculus im Ozean des Ätherischen aufzugehen oder wie Euphorion sich in das Luftmeer zu stürzen, um mit seinem Ich in die Unterwelt hinein zu verschwinden. Auch diese Prüfung kann Faust bestehen.

Jetzt kommt für ihn die dritte und schwierigste Versuchung. Er will mit den ihm zur Verfügung stehenden Zauberkräften Steine in Brot verwandeln. Er möchte, von Mephisto verführt, den toten Boden des Meeres, diese um die Lebenskraft beraubte Wüste, in ein menschliches Paradies verwandeln, das die Menschen auf magische Art erquicken und ernähren soll. Es geht hier um eine Art des «sozialen Experiments». Aber durch seine Selbstüberwindung verzichtet Faust zum Schluss auf alle magischen Mittel. Damit bezeugt er, dass der Mensch nicht vom Brot allein, sondern vom *Wort* Gottes lebt. So wie das Brot den physischen Leib ernährt, so speist und belebt in der geistigen Kommunion das Wort des Herrn das höhere Wesen des Menschen. Deshalb hat hier nur «des Herren Wort ... allein Gewicht», nicht das Mittel der Magie. Diese dritte Versuchung wird von Faust jedoch nicht ganz überwunden. Das kann man vor allem daran erkennen, dass seine Erlösung und somit das volle Erreichen seines Zieles – die wahre geistige Kommunion auf dem Wege der Selbst- und Welterkenntnis als die mystische Ehe mit dem höheren Wesen des Menschen – erst im Nachtodlichen geschieht. Während seines Erdenlebens erreicht er es nicht. Es kann zwar die Seele von Faust im Tode Mephisto und seinen Gehilfen entrinnen, jedoch nicht so, dass damit auch die endgültige Überwindung seiner Kraft und damit des von ihm ausgehenden Bösen stattfindet.

11. *Das Christus-Erlebnis*

Dieses Geheimnis des «Faust» steht hier vor uns wie eine große Frage. Es wäre natürlich kein weltumfassendes Drama, wenn Goethe in ihm alle Probleme schon gelöst hätte. Die Größe des «Faust»-Dramas besteht gerade darin, dass es uns zu dieser brennenden, existenziellen Frage führt: Wie kann der Mensch nicht erst jenseits der Schwelle, sondern schon hier auf der Erde die volle Kommunion seines Ich mit der geistigen Welt erlangen?

Rudolf Steiner antwortet darauf – Goethe an dieser Stelle ergänzend und weiterführend –, dass dies nur möglich ist, weil das Weltenwort sich selbst an der Zeitenwende mit der Menschheit verbunden hat und seitdem in der Seele des Menschen gefunden werden kann. Deshalb kann der Mensch nur durch seine freie und bewusste Verbindung mit dem Mysterium von Golgatha sein höheres Wesen wirklich erkennen und somit selbst ein Schlüssel werden für alle Geheimnisse der Natur. Rudolf Steiner weist diesbezüglich darauf hin: «dass die Welt, wie sie um uns herum ist, eine große Frage, und der Mensch selbst die Antwort ist, was im tiefsten Sinne eben mit dem Mysterium von Golgatha hat gegeben werden sollen».[18]

Aber diese höchste Stufe der Selbsterkenntnis, die den Schlüssel zur wahren Welterkenntnis bildet, erreicht Faust nicht. Darin liegt seine Tragik sowie auch die Tragik von Goethe selbst, aber auch die große Tragik unserer Epoche, von uns allen, der ganzen heutigen Zivilisation. Und weil dieses Problem von der Menschheit noch nicht gelöst ist, konnte es auch Goethe als ihr echter Repräsentant in seinem «Faust» nicht lösen. Wir sehen aber klar, dass der ganze «Faust», vor allem durch die ihm zugrunde gelegte Komposition, zur Lösung dieses Problems hinstrebt.

12. *Ostern und Michaeli*

Nach dem «Prolog im Himmel» folgt schon im Erdengeschehen die Rettung Fausts am Ostersonntag. Darin liegt seine erste, noch ganz anfängliche Berührung mit dem Christus-Impuls, mit der Essenz des Mysteriums von Golgatha: mit dem Tod und der Auferstehung des Erlösers. So dass man sagen kann: Christus selbst führt Faust an diesem Ostermorgen – aber noch für ihn weitgehend unbewusst – durch eine Art seelischen Tod und Auferstehung.

Dieses Erlebnis Fausts wird kompositorisch ganz an den Anfang des Dramas gestellt. Somit beginnt in gewissem Sinne das ganze Geschehen zur Osterzeit. Nun kann man an dieser Stelle fragen: Zu welcher Jahreszeit geschieht denn das Ende von Faust, als er schon erblindet die letzten Schritte seines Erdenlebens vollzieht?

Man kann, obwohl Goethe das nicht expressis verbis zum Ausdruck gebracht hat, aus der ganzen Atmosphäre des Schlusses entnehmen, dass es sich hier um den Herbst handelt, dessen geistige Kulmination das Michael-Fest am 29. September bildet. Dieses Fest hat, nach Rudolf Steiner, als seine Grundlage den umgekehrten Weg als das zur Osterzeit: nicht der Weg durch Tod zur Auferstehung, sondern zuerst die innere Auferstehung der Seele und dann die Begegnung mit dem Tod[19], aber jetzt im Sinne des zweiten Rosenkreuzer-Spruches: «In Christo morimur» – «In Christus sterben wir». Das heißt: Mit Christus in der Seele durch den Tod gehen.

Nur dieser Michaeli-Weg, den der alte Faust gehen muss und auch gehen will, kann ihn zu dem inneren Auferstehungserlebnis und somit zur bewussten Verbindung mit dem Mysterium von Golgatha schon hier auf der Erde führen, um dann mit dem Christus-Impuls in der Seele bewusst durch den Tod zu schreiten. Dies aber bedeutet: Nicht erst nach dem Tode sich mit Christus vereinigt zu fühlen, sondern diese Verbindung bereits hier auf der Erde zu erreichen, weil Christus sich durch das Mysterium von Golgatha mit der ganzen Erde so wie mit jedem Menschen auf ihr verbunden hat.

In den vorchristlichen Zeiten war Christus nur außerhalb der Erde und deshalb nur in den Tempeln der Mysterien erreichbar. Nach dem Mysterium von Golgatha ist Christus in der Seele jedes Menschen unmittelbar zu finden im Sinne der Worte des Apostels Paulus «Nicht ich, sondern der Christus in mir»[20], die die höchste Form der geistigen Kommunion, die direkt von Ich zu Ich wirkt, darstellen.

13. *Die Lösung des Dramas*

Das ganze «Faust»-Drama kulminiert in dieser wörtlich nicht ausgesprochenen und doch aus der ganzen Komposition klar hervorgehenden Frage nach der bewussten Begegnung des Menschen mit Christus in der eigenen Seele. Und die Tragik Goethes wie auch unserer ganzen heutigen Zeit liegt darin, dass sie immer noch nicht die Antwort auf diese Frage gefunden hat. Deshalb bleibt für den heutigen Menschen, so wie auch für Faust, das Rätsel des eigenen Wesens unlösbar, solange er noch keine bewusste Beziehung zu seinem Urbild in dem Mysterium von Golgatha durch die wahre geistige Kommunion gefunden hat, das heißt wesenhaft von Ich zu Ich.

Das bleibt aber die zentrale Frage, die von dem «Faust»-Drama als Ganzes gestellt wird. Denn in seiner Komposition folgt zunächst als irdischer Abglanz des «Prologs im Himmel» nur die noch unbewusste Begegnung von Faust mit dem Auferstandenen am Ostermorgen. Wenn man nun am Schluss des Dramas nach einem das Ostererlebnis spiegelnden Ereignis sucht, das wie ein michaelisches Erlebnis zuerst von der Auferstehung und somit von der bewussten Christus-Begegnung und erst danach von dem Tode spricht, dann findet man es nicht, obwohl alles deutlich darauf hinzielt. Statt dessen haben wir am Schluss die großartige «Himmelfahrt», aber ganz durchdrungen von katholischer Symbolik, die von außen übernommen wird und sich nicht aus der Substanz des Dramas selbst entwickelt.

Goethe selbst bekennt im Gespräch mit Eckermann (vom 6. Juni 1831) die Schwierigkeiten, die er bei der Darstellung der «Himmelfahrt»-Szene hatte und nur mit Hilfe kirchlicher Symbolik einigermaßen bewältigen konnte. Einen direkten, aus dem strebenden Menschen selbst heraus entstehenden Einblick in die geistige Welt als Folge der bewussten Christus-Begegnung in der eigenen Seele konnte er jedoch nicht schildern. Deshalb fehlt am Ende des «Faust» eine Art christlich-michaelisches Geschehen, eine aus der geistigen Kommunion hervorgehende vollbewusste Verbindung mit dem Christus und der geistigen Welt.

Warum konnte Goethe seinen «Faust» so nicht abschließen? Rudolf Steiner weist mit folgenden Worten darauf hin: «Goethe fühlt schon die Notwendigkeit: Faust muss hier auf der Erde seine Erlösung finden können. Goethe hätte die Frage so stellen müssen: Wie findet Faust die Bewahrheitung der Paulinischen Worte: ‹Nicht ich, sondern der Christus in mir›? Goethe hätte dazu kommen müssen, seinen Faust nicht nur sagen zu lassen: ‹Auf freiem Grund mit freiem Volk zu stehen›, sondern: Auf freiem Grund, mit dem Christus in der Seele, den Menschen im Erdenleben zum Geiste führend.

– So etwa müsste Goethe seinen Faust sagen lassen. Goethe ist natürlich ehrlich; er sagt es nicht, weil er es noch nicht voll erfasst hat. Aber Goethe strebt nach diesem Erfassen.»[21]

«Mit Christus in der Seele» als tiefstes Ziel der Selbsterkenntnis des Menschen, die ihn dadurch mit der ganzen geistigen Welt schon hier auf der Erde verbindet, und «den Menschen im Erdenleben zum Geiste führend» auf dem Wege der geistigen Kommunion – das sind die zwei Ideale, die Goethe in seinem «Faust» sucht und doch nicht ganz finden kann.

Man darf an dieser Stelle die drei Gründe anführen, weshalb Goethe nicht zu dem erwähnten Abschluss des «Faust» kommen konnte. Der erste Grund lag in dem Umstand, dass ihm sein Freund Schiller durch dessen frühzeitigen Tod genommen wurde. Schiller, der Goethe überhaupt zur Wiederaufnahme und zur Vollendung seiner Arbeit an dem «Faust» anregte, hatte allein die Fähigkeit, durch seine ihm eingeborene «Christus-Tendenz»[22], seinen Freund zu einem tieferen Ergreifen des Christus-Problems zu bewegen.[23] Der zweite Grund ist die Tatsache, dass die neue michaelische Epoche, in der wir seit 1879 leben, zur Zeit Goethes noch nicht begonnen hatte. Deshalb war es Goethe nicht möglich, das Wesen des Michael-Gedankens zu ergreifen. Und der dritte Grund besteht darin, dass zu Goethes Lebenszeit die Geisteswissenschaft, die den modernen Menschen zum bewussten Christus-Erlebnis schon hier auf der Erde führen kann, noch nicht gegeben war.

Doch wie stark Goethe selbst diese Christus-Nähe fühlte, das zeigen das *Licht,* das *Wort* und der *Geist,* die Faust am Ende seines Erdenweges in seiner Seele als anwesend erlebt. Denn es ist dieses Christus-Licht in seiner Seele, das ihn in Wirklichkeit durch die Stufen von Sinn, Kraft und Tat als die Stufen des inneren Aufgehens der geistigen Sonne führt. Deshalb kommt Faust, nachdem er sich zuerst von dem göttlichen Wort entfernt hat, am Ende seiner Lebenseinweihung zu des «Herren Wort», das allein der Seele ein geistiges Gewicht gibt aus dem ewigen Urquell allen Seins, zurück.

Aber die Schwelle der geistigen Welt kann er auf der Erde noch nicht bewusst überschreiten, diese Schwelle, an der Christus seit dem Mysterium von Golgatha steht und wo Er die menschliche Seele durch die Selbsterkenntnis zur Welterkenntnis im Geiste und somit zur wahren geistigen Kommunion führt.

Deshalb wird auch in der «Himmelfahrt»-Szene Christus nirgendwo direkt angesprochen. Und doch ist Er da als die allumfassende und alles durchdringende «Liebe von oben», deren Faust als immer strebender Mensch nach seinem Tode teilhaftig werden kann, was von der Engelschar bezeugt wird:

Gerettet ist das edle Glied
Der Geisterwelt vom Bösen,
Wer immer strebend sich bemüht,
Den können wir erlösen. [11934–11937]

Doch wird diese Rettung nur möglich, weil sie schon früher, noch auf der Erde, geschah:

Und hat an ihm die Liebe gar
Von oben teilgenommen … [11938–11939]

Nur diese Anwesenheit des Christus als der reinsten Substanz der Liebe in der Seele des Faust kann seine Seele dem Mephisto entreißen, so dass sie voll aufgenommen werden kann ins geistige Dasein:

Liebe nur Liebende
Führet herein! [11751–11752]

So steigt Faust in der geistigen Welt in immer höhere Sphären hinauf, wo auch die unmittelbare Begegnung mit Christus in der wesenhaften Vereinigung mit Ihm von Ich zu Ich möglich wird als das höchste «Erreichnis», von dem am Schluss des Dramas der Chorus mysticus kündet.

Goethe
Zeichnung von Karl Bauer (1868–1942)

Anhang I

Komposition des Dramas. Eine Übersicht

Der siebengliedrige Aufbau des «Faust»-Dramas
(dem Vortrag folgend)

ZUEIGNUNG UND VORSPIEL

Hier treten schon zwei Grundmotive des ganzen Dramas hervor: das Suchen nach der geistigen Welt und die Hinwendung zu dem werdenden Menschen, der allein dieses Ziel erreichen kann.

> «... Ein längst entwöhntes Sehnen
> Nach jenem stillen, ernsten Geisterreich»

und

> «Wer fertig ist, dem ist nichts recht zu machen;
> Ein Werdender wird immer dankbar sein.»

ERSTER TEIL (MIKROKOSMOS)

I.	Leben vor der Geburt:	Prolog im Himmel (1)
II.	Ich-Stufe:	Beschwörung des Erdgeistes (2) Rettung vor dem Selbstmord (2) Begegnung mit Mephisto und der Pakt (2)
III.	Seelische Stufe:	Auerbachs Keller (3) Hexenküche (3) Gretchen-Szenen (4) Romantische Walpurgisnacht (5) Kerker-Szene (6)

Zweiter Teil (Makrokosmos)

IV.	Mitte des Dramas:	Ariel-Szene: Das Erwachen aus dem Schlaf (7) Erster Kaiserhof und Mummenschanz: Übergang von innen nach außen (8)
V.	Ätherische Stufe:	Beschwörung Helenas (9) Homunculus (10) Klassische Walpurgisnacht (10) Helena und Euphorion (10)
VI.	Physische Stufe:	Der große Krieg und der zweite Kaiserhof (11) Philemon und Baucis (11) Erblindung und Tod (12) Grablegung und Engel-Erscheinung (12)
VII.	Leben nach dem Tode:	Himmelfahrt (13)

Bei dieser Gliederung des Dramas bildet der erste Teil ein Dreieck, der zweite ein Viereck. Wenn man die Ariel-Szene als Mitte nimmt, spiegeln sich die Teile I und VII, II und VI, III und V. Die Teile II und III entsprechen dem Weg der Selbsterkenntnis, die Teile V und VI der Welterkenntnis. Der Teil IV bildet den Übergang vom Mikrokosmos zum Makrokosmos.

Die unbewusste Begegnung mit Christus im Abschnitt II fordert aus der ganzen Komposition des Dramas eine bewusste Begegnung mit Ihm im Abschnitt VI.

Eine andere Gliederung des Dramas besteht aus 13 Teilen: zu je 6 Teilen mit der Ariel-Szene und dem Sonnenaufgang im Zentrum.

Anhang II

Drei Gedichte von Goethe über Reinkarnation

Gesang der Geister über den Wassern

Des Menschen Seele
Gleicht dem Wasser:
Vom Himmel kommt es,
Zum Himmel steigt es,
Und wieder nieder
Zur Erde muß es,
Ewig wechselnd.

Strömt von der hohen,
Steilen Felswand
Der reine Strahl,
Dann stäubt er lieblich
In Wolkenwellen
Zum glatten Fels,
Und leicht empfangen,
Wallt er verschleiernd,
Leisrauschend
Zur Tiefe nieder.

Ragen Klippen
Dem Sturz entgegen,
Schäumt er unmutig
Stufenweise
Zum Abgrund.

Im flachen Bette
Schleicht er das Wiesental hin,
Und in dem glatten See
Weiden ihr Antlitz
Alle Gestirne.

Wind ist der Welle
Lieblicher Buhler;
Wind mischt vom Grund aus
Schäumende Wogen.

Seele des Menschen,
Wie gleichst du dem Wasser!
Schicksal des Menschen,
Wie gleichst du dem Wind!

Goethe, Werke: *Gedichte* (Ausgabe letzter Hand. 1827)
Das Gedicht ist 1779 entstanden.

An Charlotte von Stein

Warum gabst du uns die tiefen Blicke,
Unsre Zukunft ahndungsvoll zu schaun,
Unsrer Liebe, unserm Erdenglücke
Wähnend selig nimmer hinzutraun?
Warum gabst uns, Schicksal, die Gefühle,
Uns einander in das Herz zu sehn,
Um durch all die seltenen Gewühle
Unser wahr Verhältnis auszuspähn?

Ach, so viele tausend Menschen kennen,
Dumpf sich treibend, kaum ihr eigen Herz,
Schweben zwecklos hin und her und rennen
Hoffnungslos in unversehnem Schmerz;
Jauchzen wieder, wenn der schnellen Freuden
Unerwart'te Morgenröte tagt.
Nur uns armen liebevollen beiden
Ist das wechselseit'ge Glück versagt,
Uns zu lieben, ohn uns zu verstehen,
In dem andern sehn, was er nie war,
Immer frisch auf Traumglück auszugehen
Und zu schwanken auch in Traumgefahr.

Glücklich, den ein leerer Traum beschäftigt!
Glücklich, dem die Ahndung eitel wär!
Jede Gegenwart und jeder Blick bekräftigt
Traum und Ahndung leider uns noch mehr.
Sag, was will das Schicksal uns bereiten?
Sag, wie band es uns so rein genau?
Ach, du warst in abgelebten Zeiten
Meine Schwester oder meine Frau.

Kanntest jeden Zug in meinem Wesen,
Spähtest, wie die reinste Nerve klingt,
Konntest mich mit einem Blicke lesen,
Den so schwer ein sterblich Aug durchdringt;
Tropftest Mäßigung dem heißen Blute,
Richtetest den wilden irren Lauf,
Und in deinen Engelsarmen ruhte
Die zerstörte Brust sich wieder auf;
Hieltest zauberleicht ihn angebunden
Und vergaukeltest ihm manchen Tag.
Welche Seligkeit glich jenen Wonnestunden,
Da er dankbar dir zu Füßen lag,
Fühlt' sein Herz an deinem Herzen schwellen,
Fühlte sich in deinem Auge gut,
Alle seine Sinne sich erhellen
Und beruhigen sein brausend Blut!

Und von allem dem schwebt ein Erinnern
Nur noch um das ungewisse Herz,
Fühlt die alte Wahrheit ewig gleich im Innern,
Und der neue Zustand wird ihm Schmerz.
Und wir scheinen uns nur halb beseelet,
Dämmernd ist um uns der hellste Tag.
Glücklich, dass das Schicksal, das uns quälet,
Uns doch nicht verändern mag!

Goethe, Werke: *Gedichte.* Nachlese.
Das Gedicht ist 1776 entstanden.

«Mancherlei hast du versäumet:
Statt zu handeln, hast geträumet,
Statt zu danken, hast geschwiegen,
Solltest wandern, bliebest liegen.»

Nein, ich habe nichts versäumet!
Wisst ihr denn, was ich geträumet?
Nun will ich zum Danke fliegen,
Nur mein Bündel bleibe liegen.

Heute geh ich. Komm ich wieder,
Singen wir ganz andre Lieder.
Wo so viel sich hoffen lässt,
Ist der Abschied ja ein Fest.

Goethe, Werke: *Gedichte.* Sprichwörtlich.
(Ausgabe letzter Hand. 1827)

Johannes Kühl

«... ein Mensch zu sein»

Homunculus und Helena

Im zweiten Teil des «Faust» bemerken wir, dass es immer wieder um die Frage geht: Wie wird man ein wahrer Mensch? – Diese Frage nach der Menschwerdung wird durch einen dreifachen Todesprozess entwickelt.

Wir können die Frage schon in den ersten Worten, die der Faust in der Ariel-Szene spricht, im Keim finden, wenn er sagt:

> *Du, Erde, warst auch diese Nacht beständig*
> *Und atmest neu erquickt zu meinen Füßen,*
> *Beginnest schon, mit Lust mich zu umgeben,*
> *Du regst und rührst ein kräftiges Beschließen,*
> *Zum höchsten Dasein immerfort zu streben.* – [4681–4685]

Das Streben Fausts zum Höchsten kommt von der Erde. Damit ist die Spanne umfasst, in der diese Frage bearbeitet werden muss: die Spanne zwischen dem höchsten Geistigen und dem Irdisch-Materiellen. Dazwischen verläuft der Weg zum wahren Menschwerden oder, wie es Homunculus einmal formuliert: «Ich ... möchte gern im besten Sinn entstehn» [7831] – nicht nur einfach entstehen, sondern «im besten Sinn».

Diese Frage nach der Menschwerdung ist nun insofern außerordentlich aktuell, als die so genannte Reproduktionsmedizin – und mit einem ähnlichen Vorgang haben wir es ja bei der künstlichen Reproduktion von Menschen zu tun – zur Zeit dramatische Fortschritte macht. Im Sommer 2003 wurde publiziert, dass es zum ersten Mal gelungen sei, aus embryonalen Stammzellen menschliche Eizellen zu entwickeln. Stammzellen sind Zellen beim Embryo, die eine so genannte Multipotenz haben – die Möglichkeit, sich in fast jedes andere Körpergewebe zu entwickeln, was die spezialisierten Zellen etwa der Haut oder anderer Organe längst nicht mehr können. Diese Entwicklung ist allerdings nicht in alle Richtungen möglich. Aber im letzten Jahr war es zum ersten Mal gelungen, aus solchen Stammzellen Eizellen zu entwickeln. Und diese Eizellen ließen sich sogar künstlich befruchten. Die künstliche Befruchtung «im Reagenzglas», welche vor etwa zwanzig Jahren noch dazu geführt hatte, dass alle Welt dramatisch über das «Retortenbaby» diskutierte, gehört ja heute zum medizinischen Alltag. Diese künstlichen, also aus den Stammzellen entwickelten Eizellen ließen sich befruchten und es entstanden die ersten Phasen eines menschlichen Embryos; man hat dann die Entwicklung abgebrochen – wie man das nüchtern nennt.

Dieses Experiment war möglich, weil etwa 280 Frauen freiwillig Eizellen dafür zur Verfügung gestellt hatten, von denen man Material für das Experiment brauchte. Dann hieß es aber, die Entwicklung von Spermien auf dem gleichen Weg werde noch lange dauern, denn diese Entwicklung läge noch völlig im Dunkeln. Doch vor wenigen Wochen – damals hat man gesagt, es würde Jahre dauern – erschienen zwei Publikationen, laut denen es gelungen war, auch Spermien auf diesem Wege aus embryonalen Stammzellen zu erzeugen. Dadurch ist es möglich – das ist noch nicht gemacht, aber das wird wahrscheinlich nur Wochen oder Monate dauern –, aus künstlich gewonnenen Eizellen und künstlich gewonnenen Spermien Embryonenkeimlinge zu erzeugen. Das hat eine große Bedeutung – weniger, weil man Klone erzeugen will – jedenfalls sagt man das jetzt –, sondern weil man dann aus den Keimlingen wieder solche Stammzellen erzeugen kann, mit genau bestimmtem genetischen Material. Man hofft, diese Stammzellen einem erwachsenen Organismus mit einer Krankheit einzupflanzen. Dann würden sich diese Zellen als gesunde Organteile entwickeln. Es gibt eine Studie, wo man geschätzt hat – ich glaube, diese Studie ist nicht ganz frei von Lobby-Interessen … –, dass mehr als der Hälfte der Bevölkerung der USA durch solche Stammzellen bei einer Krankheit geholfen werden könnte (siehe dazu: Michael Groß, «Von der Ei- zur Stammzelle und zurück», Spektrum der Wissenschaft, Heidelberg, April 2004, S. 14–17). Aber sicher ist diese therapeutische Anwendung nicht die einzige Möglichkeit, und sicher wird es nicht dabei bleiben. Ein weiterer großer Vorteil ist, dass man nicht mehr auf weibliche Spender dieser Eizellen angewiesen sein wird; das gab immer ethische Probleme. Wenn man aber die Eizellen und die

Spermien selbst erzeugt, sind die ethischen Probleme nicht mehr an der Oberfläche. Ich lese Ihnen zwei Sätze aus der Publikation vom Januar dieses Jahres vor:
«Progress in this area is currently hampered by the scarity of human eggs, the use of which also involves legitimate ethical considerations»; also: der Mangel an menschlichen Eizellen und die ethischen Probleme hindern den Fortschritt, und beides wäre mit dieser Entwicklung gelöst. Der Artikel aus «news and views» aus der Zeitschrift «Nature» (vol. 427, London, 8. Januar 2004, p. 106–107) endet mit dem Satz: «This could give us a grip on our destiny in more ways than we can imagine.» (Wir könnten dadurch einen Zugriff haben auf unser Schicksal in mehr Wegen, als wir uns heute vorstellen.) So ist die Frage nach der Reproduktion des Menschen, nach der Entstehung des Menschen naturwissenschaftlich in einer ganz bestimmten Richtung dramatisch aktuell. Und wir können in dieser Entwicklung ein Bild dafür sehen, dass die Frage nach der Menschwerdung in einem anderen Sinne, nämlich wie wir selbst wahrhaft Menschen aus uns machen, ebenfalls in höchstem Grade aktuell ist.

Wie wurde diese Frage im «Faust» von Goethe vor bereits rund zweihundert Jahren bearbeitet? (Die uns hierbei interessierenden Teile des «Faust» sind ja teilweise erst in seinen letzten Lebensjahren entstanden.)
Zunächst beginnt es mit der Beschwörung der Helena; voraus geht die wunderbare Szene, in der Faust den Gang zu den

Müttern antritt, wobei er ein besonderes Lob von Mephisto bekommt, wie es wohl wenige je bekommen haben: «Ich rühme dich, eh du dich von mir trennst, und merke wohl, dass du den Teufel kennst.» – Das ist der Entwicklungsstand des Faust an dieser Stelle, dass er den Teufel kennt. Und dann gelingt es, dieses Bild der Helena hervorzurufen, und Faust selbst ist tief bezaubert von diesem Bild. Es ist wie eine andere Welt, die sich neben dem Geplauder und Kommentieren des Hofes abspielt, wie Faust bezaubert ist von dem Bild der Helena.

Was ist das für ein Bild? Es ist das Bild der Griechin, hellenisch heißt griechisch, Helena ist die Griechin. Und das griechische Schönheitsideal ist die Einheit von Geistigem und Sinnlichem im Menschen (siehe Rudolf Steiner, Vortrag vom 13.2.1923, in GA 257). Vom Zusammenkommen der beiden Pole, des höchsten Geistigen und des Irdisch-Sinnlichen, ist Faust bezaubert: das zieht ihn unendlich an. Aber es bleibt *Bild,* er kann es anschauen, aber nicht greifen. Das ist die erste Stufe. Faust versucht es trotzdem zu greifen. Er berührt es, will sich vereinigen mit diesem Ideal, berührt Helena mit dem Schlüssel – und es geschieht die Katastrophe: Faust ist wie bei einem unrechtmäßigen Schwellenübertritt paralysiert. Das ist die erste Stufe, in der dieses Ideal der Menschwerdung auftritt.

Dann finden wir uns wieder in dem «hochgewölbten, engen gotischen Zimmer», also gewissermaßen bei Faust zu Hause, und dort sind wir mitten in der Gegenwart, denn Wagner, der Repräsentant der trockenen, materialistischen Wissenschaft, ist dabei, einen Menschen zu «machen». Auffallend ist in dieser Szene, dass dies zuvor offenbar mehrfach *nicht* gelungen ist. Und jetzt fällt das Wort vom «rechten Augenblick», das durch die ganze Homunculus-Geschichte immer wieder auftaucht: «Im rechten Augenblick» ist Mephisto dabei, so dass er helfen kann, dass das Werk gelingt. Und so entsteht dieser Homunculus in der gläsernen Phiole, das heißt, er ist nicht etwa wirklich da, sondern er bleibt eingeschlossen in der Phiole. Er charakterisiert dies selbst so:

Das ist die Eigenschaft der Dinge:
Natürlichem genügt das Weltall kaum,
Was künstlich ist, verlangt geschlossnen Raum.

[6882–6884]

Das ist natürlich eine Bemerkung, die auf ungeheuer vieles zutrifft, was wir heute technisch tun. Nicht nur beim «Containment», dem vollständig geschlossenen Raum des Kernreaktors – überall tritt diese Frage nach dem Abschließen der Technik von der übrigen Umwelt auf. Wir können es auch als ein Bild des Bewusstseins nehmen, welches die Technik hervorbringt, welches sozusagen von dem Kosmos der Welt abgeschlossen und nur auf ein bestimmtes Ziel hin orientiert ist. Jemand hat das einmal das «Auto-Bewusstsein» genannt: wo man in einem Raum eingeschlossen ist und möglichst schnell zu einem Ziel fährt. Das ist dieser Raum der Phiole, und darin befindet sich dieses Menschlein, dieser Homunculus, der aber noch nicht wirklich da ist, genauso wenig wie Helena bei der Beschwörung wirklich da war. Die Phiole können wir auffassen als ein Bild des Verstandeswissens, der Verstandeswissenschaft.

Nun könnte man meinen, der Homunculus sei nur so ein künstliches Produkt, zudem noch mit Mephisto verwandt. (Diesen nennt er ja «Gevatter».) Das ist aber nicht alles, was Goethe in diese Figur hineingelegt hat. Es gibt dazu ein aufschlussreiches Gespräch mit Eckermann. (Die Gespräche mit Eckermann sind nicht als wörtliche Wiedergabe Goethescher Aussprüche aufzufassen – siehe dazu den Kommentar in der Ausgabe von Christoph Michel und Hans Grüters, Frankfurt 1999 –, sie geben aber die grundlegenden Ansichten Goethes richtig wieder.) Am 16. Dezember 1829 äußert sich Goethe sinngemäß über Homunculus: ein durch die Menschwerdung noch nicht verdüstertes geistiges Wesen. Damit ist auf die vorgeburtliche Entelechie hingewiesen. Katharina Mommsen hat (in «Aufsätze zu Faust II», hrsg. von Werner Keller, Darmstadt 1992) unter dem gleichen Titel wie der vorliegende Beitrag herausgearbeitet, dass dieser Goethesche Begriff der Entelechie als eines vorgeburtlichen Wesens hier zutrifft. «Noch nicht durch die Menschwerdung verdüstert» – das ist ein ungeheures Bild! Katharina Mommsen vergleicht es mit der Himmelfahrtszene des Dramas, wo die nachtodliche Entelechie erscheint, so dass man in diesen beiden Gestalten, dem Homunculus und der nachtodlichen Entelechie, das Vorgeburtliche und das Nachtodliche im

«Faust» findet, das heißt ein deutliches Zeichen für Goethes Bewusstsein vom Vorgeburtlichen und Nachtodlichen. Goethe hatte also bei Homunculus – trotz seines künstlichen Auftretens – ein durchaus hohes Wesen vor Augen.

Und dieses Wesen, diese Entelechie hat einen unbeschreiblichen Tätigkeitsdrang: «Was gibt's zu tun?» sind ihre ersten Worte. Und es gibt viel zu tun, denn da liegt der paralysierte, kranke Faust, und Mephisto weiß nicht weiter: Es ist tatsächlich so, dass Homunculus vorschlägt, zur klassischen Walpurgisnacht zu reisen. Mephisto will nicht, und da sagt Homunculus: «Hast du ein Mittel, so erprob es hier, / Vermagst du's nicht, so überlass es mir.» Mephisto muss zugeben, dass er keine Idee hat. Er weiß nicht weiter. Das erste, was Homunculus tut, ist also, dass er einen ärztlichen Rat gibt, nämlich den Weg zur klassischen Walpurgisnacht anzutreten.

Nun ist die «klassische Walpurgisnacht» ein Teil des «Faust», der sich nur schwer erschließt. Daher soll hier zunächst ein etwas abstrakter Überblick gegeben werden. Es geht im Wesentlichen um drei Gestalten: um Faust, um Mephisto und um Homunculus.

Bei *Faust* ist es so, dass er, sobald die Gestalten in der klassischen Walpurgisnacht erscheinen, sofort aus seiner Paralysierung erwacht, und zwar – so ist die Angabe Goethes – wenn sein Fuß die Erde betritt («den Boden berührend»). Man kann sich erinnern an die Worte: «Du Erde warst auch diese Nacht beständig». Wenn sein Fuß die Erde betritt, erwacht er, und seine ersten Worte sind: «Wo ist sie?» In dem wunderbaren Kommentar von Erich Trunz heißt es dazu: «Wieder einer der faustischen Monologe, zwar nicht lang, aber bedeutsam …»

Im Verlauf der klassischen Walpurgisnacht wird diesen drei Gestalten jeweils zu einem Ziel verholfen: es gibt sozusagen drei Drittel dieser langen Szene. Das erste Drittel betrifft vor allem Faust. Faust bemerkt, dass es nicht klug wäre, den Sirenen zu folgen. In diesem Zusammenhang wird die historische Erfahrung von Odysseus erwähnt; die Sphinxe raten ihm, Chiron aufzusuchen. Ihm wird also zunächst von den Sphinxen geholfen, dann von Chiron, und Chiron bringt ihn zu Manto. Manto hütet den Eingang zur Unterwelt. Sie erkennt das besondere Streben bei Faust, es fallen die berühmten Worte: «Den lieb' ich, der Unmögliches begehrt.» [7488] Sie führt ihn zu Persephoneia und diese schließlich zu Helena.

Das zweite Drittel betrifft *Mephisto,* der da seine Irrfahrt macht. Mephistos Ziel ist entscheidend, er kommt zu den Phorkyaden, diesen Urbildern der Hässlichkeit, leiht sich ihre Gestalt und wird zu Phorkyas. (Das ist wichtig für das Verständnis der Helena-Szene.)

Die dritte Gestalt, *Homunculus,* ist auf dem beschwerlichen Weg, «im besten Sinne zu entstehn». Der Weg des Homunculus ist von Wolfgang Schadewaldt «der Weg zum Wasser» genannt worden (nach Mommsen, a.a.O.). Als erster hilft ihm der Philosoph des Wassers, Thales. Er führt ihn zu

Nereus. Nereus bringt ihn zu Proteus, dem ewig Wandelnden, weil er hofft, er könne helfen zu entstehen, und von dort gelangt Homunculus schließlich, immer in Begleitung von Thales, zu Galatee, an deren Muschelwagen er seine Phiole zerschellen lässt.

Das sind die drei Wege, welche die drei Gestalten durchgehen. Wenn wir Homunculus näher betrachten, wird deutlich, wie Goethe damit ringt, wie dieses Verstandeswissen zur Wirklichkeit gelangt. Homunculus sagt frühzeitig, dass es notwendig ist, dieses Glas zu zerschellen. Auf dem Weg dorthin gibt es eine Stelle, wo Goethe etwas von seiner eigenen Methode hineingeheimnisst hat. Das eine ist die Gestalt des Proteus. Rudolf Steiner – ich beziehe mich dabei vor allem auf die Vorträge vom 17. und 18. Januar 1919 (in GA 273) – macht darauf aufmerksam, dass Proteus hier die Goethesche Idee der Metamorphose repräsentiert, dieses Bilden und Umbilden von Gestalten. In der Tatsache, dass es Proteus nicht gelingt, Homunculus zum Entstehen zu verhelfen, kommt zum Ausdruck, dass Goethe nicht nur ein energischer, sondern auch ein ehrlicher Erkenntnisarbeiter war. Er bemerkte nämlich, dass für die Frage nach der Menschwerdung dieses Prinzip des Bildens und Umbildens, welches er an der Pflanze entdeckt hatte, nicht ausreicht. Goethe lässt eine Gruppe von Wesen erscheinen, die Kabiren, mit denen das Geheimnis der Menschwerdung verbunden ist. Sie werden als drei Tongefäße dargestellt, die, wie in der Goetheanum-Inszenierung zu sehen ist, von Rudolf Steiner ent-

Die Kabiren

Bleistiftzeichnung von Rudolf Steiner, 1918

worfen und plastiziert worden sind. Diese Tongefäße sind Bilder dieser Wesen, die das Geheimnis der Menschwerdung enthalten. Goethe lässt sie zwar auftreten, bringt aber den Vorgang nicht zum Abschluss. Das Geheimnis der Menschwerdung ist angesprochen. Der eigentlich entscheidende Vorgang für das Entstehen des Homunculus ist dann, dass Homunculus die Phiole an dem Muschelwagen der Galatee zerschellen lässt.

Was ist diese *Galatee*? Rudolf Steiner spricht über diese Gestalt in den genannten Vorträgen im Sinne, dass sie vollständig das Geheimnis der Menschwerdung enthalte. Das, was in dem mütterlichen Leib bei der Menschwerdung geschieht, in dem abgeschlossenen, inneren, verborgenen Heiligtum, das, so wusste man im Altertum, vollzieht sich um uns herum – dort wo die Sonne die Erde beleuchtet und die Pflanzenkeime aus der Erde hervorkommen, zwischen Sonne und Erde. Rudolf Steiner spricht da von dem «Weltenuterus» um uns herum: «Wir gehen gewissermaßen, indem wir unter der werdenden Pflanzenwelt herumgehen, eigentlich in dem Weltenuterus herum in Wahrheit. Kurz, die Kraft, die dem Menschenwerden zugrunde liegt, ist draußen in der makrokosmischen Welt, durchwallt und durchwebt die ganze makrokosmische Welt. Denken Sie sich das diese Kraft personifiziert, diese heilige Kraft des Menschenwerdens in ihrem geistigen Korrelat draußen erfasst außerhalb des menschlichen Leibes, geistig-seelisch, und Sie haben Galatee.» Dieses ahnend, strebe Homunculus auf sie zu und zerschelle sein

Glas. Es ist der Weg in die vier Elemente, den er dort geht. Und die vier Elemente werden ja in den Schlussversen der klassischen Walpurgisnacht gepriesen.
Von Rudolf Steiners Ausführungen über Galatee fällt auch ein Licht auf den Anfang des zweiten Teils, auf die Ariel-Szene, wo Faust erwacht; denn im Aufwachen seien die gleichen Kräfte der Menschwerdung wirksam: «Die Kraft, welche der Konzeption, der Empfängnis, dem Embryonalen der Geburt zugrunde liegt, ist nur eine ausgebreitete, intensivere Kraft, aber sie ist gleicher Art, ist ganz dieselbe eigentlich wie diejenige, die uns aus dem nächtlichen Schlafe oder auch aus dem Erkenntnisschlafe zurückzaubert in das körperliche Wachsein. Jeden Morgen, wenn wir aufwachen, wachen wir auf durch dieselbe Kraft, … durch die ein Mensch empfangen, getragen, geboren wird … Dieses heilige Mysterium des Aufwachens, es geht unvermerkt vorüber.» (Vortrag vom 18.1.1919, in GA 273.)
Es ist außerordentlich eindrucksvoll, diese Darstellung Rudolf Steiners heute zu lesen. Man findet kaum in einem Vortrag derartig viele Superlative. Rudolf Steiner spricht mehrfach davon, dass diese Verse zu den tiefsten gehören, die Goethe überhaupt geschrieben hat.
Was geschieht also? Die Glashülle, ein Bild dessen, was «Auto-Bewusstsein» genannt wurde, das Verstandeswissen, wird geopfert, muss sterben; und Homunculus verschwindet – ein erstes Todesereignis. Das Verstandesbewusstsein wird geopfert in die vier Elemente. Und unmittelbar darauf fol-

gend erscheint Helena. Indem Homunculus sein Glas opfert, sich opfert, um den Weg der eigentlichen Menschwerdung zu gehen, erscheint Helena, das Urbild der Schönheit.

Wenn man durch die Helena-Szene hindurchgeht und darauf achtet, wie Helena charakterisiert wird, bemerkt man, dass, abgesehen von der mythologischen Geschichte, fast nichts über sie gesagt wird, außer dass sie so ungeheuer schön ist. Die Schönheit ist eigentlich das, was sie darstellt. Durch den Einfluss der Phorkyas ist es dann möglich, dass Helena nicht wie geplant den Opfertod stirbt, sondern zu Faust hingeht, so dass Faust sich mit ihr vereinigen kann. Auf welcher Stufe geschieht diese Vereinigung? Die erste Stufe am Kaiserhof war die Stufe des Bildes. Jetzt kommt die zweite Stufe: es ist die Stufe der Sprache. Wir erleben diese wunderbare Szene, wo Helena durch Faust das Sprechen in Reimen gelehrt wird. Sie vereinigen sich in einem gemeinsamen Dichten, in der Sprache. Noch immer ist aber diese Vereinigung nicht volle Realität, sie bleibt auf dieser zweiten Ebene. Das Ergebnis dieser Vereinigung, das Neue, das daraus entsteht, ist Euphorion, die Poesie. Euphorion kann zum Himmel streben, zerschellt aber letztlich an der Erde. Die Erdenwirklichkeit ist noch nicht erreicht. Euphorion stirbt und muss zu Persephoneia, und auch Helena stirbt. Sie folgt ihm zu Persephoneia: ein zweites Todesereignis, welches auf einen Weg diesmal nicht in die Elemente, sondern in die Unterwelt, die Welt der Schatten führt.

So wie aus dem ersten Opfer, dem Opfer des Homunculus,

Helena entstehen konnte, entsteht jetzt aus diesem zweiten Todesvorgang etwas Neues für Faust: Faust ist nämlich geheilt. Das ist nichts Geringes! Der vorher völlig paralysierte Faust ist geheilt und wird gleichsam erdentüchtig. Dort, wo er wieder auf der Erde anlangt, fallen diese wunderbaren Worte, wo er sich erinnert an das, was er erlebt hat. Diese Worte werfen ein Licht auf diesen ganzen Weg, den Weg zur wahren Menschwerdung. Dieser Weg hängt zusammen mit dem Streben Fausts, was in diesem Kontext heißt: dem Streben nach dem Ewig-Weiblichen. Faust sagt:

Doch mir umschwebt ein zarter lichter Nebelstreif
Noch Brust und Stirn, erheiternd, kühl und schmeichelhaft.
Nun steigt es leicht und zaudernd hoch und höher auf,
Fügt sich zusammen. – Täuscht mich ein entzückend Bild,
Als jugenderstes, längstentbehrtes höchstes Gut?
Des tiefsten Herzens frühste Schätze quellen auf:
Aurorens Liebe, leichten Schwung bezeichnet's mir,
Den schnellempfundnen, ersten, kaum verstandnen Blick,
Der, festgehalten, überglänzte jeden Schatz.
Wie Seelenschönheit steigert sich die holde Form,
Löst sich nicht auf, erhebt sich in den Äther hin
Und zieht das Beste meines Innern mit sich fort.
[10055–10066]

Mit diesen Worten wird wie in einem Rückgriff die Gretchen-Geschichte einbezogen und erhöht. Was Faust in Gretchen gesucht hat, was er dann weiter in Helena gesucht und erlebt hat auf den Stufen des Bildes und der Sprache, das ist das «Beste seines Innern». Der Schleier löst sich jetzt nicht auf, sondern nimmt dieses Beste mit sich fort und steigt auf. – Für eine wirkliche Vereinigung mit diesem Prinzip, für ein wirkliches, wahres Menschwerden ist noch mehr notwendig. Nun wird Faust wirklich tätig auf der Erde; er führt Krieg, er gewinnt Land, gestaltet die Erde. Aber auch diese Tätigkeiten, dieses Umwandeln der Erde – wie wesentlich sie auch sind auf dem Weg zum Werden des Menschen –, reichen noch immer nicht aus. Es ist ein weiteres Opfer, ein weiterer Verzicht notwendig. Auf dieses dritte Opfer, diesen dritten Verzicht wird im Beitrag von Martina Maria Sam hingewiesen. Es ist der Entschluss des alten Faust, wenn die vier Wesen Mangel, Schuld, Sorge und Not zu ihm hereinkommen und die Sorge bleibt, kein Zauberwort zu sprechen, keine Magie zu gebrauchen, weil er erkennt, dass er sonst kein wahrer Mensch werden kann:

> *Noch hab' ich mich ins Freie nicht gekämpft.*
> *Könnt' ich Magie von meinem Pfad entfernen,*
> *Die Zaubersprüche ganz und gar verlernen,*
> *Stünd' ich, Natur, vor dir ein Mann allein,*
> *Da wär's der Mühe wert, ein Mensch zu sein.* [11403–11407]

Und wenig später tut er das, es fallen die Worte:

> *Nimm dich in acht und sprich kein Zauberwort.* [11423]

Das ist der Verzicht auf die Magie, auf die Kräfte, die bei der Landgewinnung und all seinen Tätigkeiten helfen. Dieser Verzicht führt zu einem dritten Todesereignis, zum Tod von Faust selbst.

Wir haben also ein erstes Opfer und Todesereignis im Zerschellen der Phiole des Homunculus, aus dem die Helena erstehen kann. Dann den Tod der Helena, welche Euphorion in die Unterwelt folgt, daraus kann Faust mit neuer Kraft auferstehen, wieder gesund und erdentauglich geworden. Und nun stirbt er selbst, ein drittes Todesereignis.
Anschließend folgt zunächst die Auseinandersetzung zwischen Mephisto und den Engeln. Ein Aspekt der Größe Goethes kommt darin zum Ausdruck, wie er diese so ungeheuer wichtige Szene gestaltet – es geht schließlich um alles oder nichts, um die Frage, um die sich das ganze Drama gedreht hat: Bekommt Mephisto die Seele Fausts oder bekommt er sie nicht? Wenn man diese Szene erlebt, merkt man, dass man dauernd lachen oder schmunzeln muss. Goethe setzt gerade da, wo es überaus bedeutsam wird, den Humor ein, weil wohl manche Dinge ohne den Humor nicht zu ertragen wären.
Am Schluss des Dramas, bei der «Himmelfahrt», begegnet Faust dem wieder, was vorher aufgestiegen ist: «Und nimmt das Beste seines Innern mit sich fort», hatten wir gehört. Jetzt begegnet er Gretchen, einer Büßerin («una poenitentium»), von oben für ihn bittend. Und er begegnet dem, was bei Goethe «Himmelskönigin» heißt, was er in dieses katholische Gewand gekleidet hat, was er dann aber selbst das Prinzip des «Ewig-Weiblichen» nennt. Etwas Besonderes in der «Faust»-Inszenierung am Goetheanum ist darin zu sehen, dass diese Rolle von der gleichen Schauspielerin dargestellt

wird, die auch die Helena spielt. Diesem Urbild des Menschlichen nähert sich Faust in der «Himmelfahrt»; und wir können sagen: in der Vereinigung mit diesem Urbild entsteht der wahre Mensch.

So haben wir einen dreifachen Todesprozess und einen dreifachen Auferstehungsprozess wahrgenommen, wobei der letztere in das Nachtodliche verlegt ist. Er ist sozusagen auf der Erde nicht vollendet – der Weg zum wahren Menschen ist von Faust auf der Erde nicht zu Ende zu gehen. Und wir haben eine dreifache Vereinigung Fausts mit Helena gesehen: auf der Ebene des Bildes am Kaiserhof, imaginativ, auf der Ebene der Sprache in den griechischen Helena-Szenen, inspirativ, und schließlich in der Wesensbegegnung in Fausts Himmelfahrt.

Eine weitere Besonderheit der Goetheanum-Inszenierung: die Schauspielerin, die Homunculus darstellt, ist dieselbe, die auch die Rolle der Helena spielt: ein Hinweis auf das gleiche Wesen bei Homunculus, Helena und der Himmelskönigin.

Wenn man an die Dramatik unserer Zeit denkt, könnte man meinen, diese Vereinigung des Menschen mit dem Höheren sei eine ziemlich idealistische, «abgehobene» Angelegenheit. In diesem Zusammenhang sei darauf aufmerksam gemacht, wie wir heute mit einem Ideal umgehen können. Rudolf Steiner charakterisiert das Ideal der Menschwerdung auf einer

ganz allgemeinen Stufe, indem er das Ideal der Freiheit beschreibt («Philosophie der Freiheit», GA 4, IX.):
«Dies ist ein Ideal, werden viele sagen. Ohne Zweifel, aber ein solches, das sich in unserer Wesenheit als reales Element an die Oberfläche arbeitet. Es ist kein erdachtes oder erträumtes Ideal, sondern ein solches, das Leben hat und das sich auch in der unvollkommensten Form seines Daseins deutlich ankündigt.»
Wenn wir diesem Ideal in seiner vollkommenen Gestalt im «Faust» begegnen, können wir suchen, wo wir es in uns selbst in seiner unvollkommenen Form entdecken, wo es sich aber mit der Tendenz zur Verwirklichung ankündigt. Und diese Tendenz zur Verwirklichung beinhaltet, dass wir sie selbst tun müssen. Die Verwirklichung dieses Ideals, das Schaffen des wahren Menschen, das wahre Mensch-Werden: wir müssen es selbst tun.

Diese Betrachtung soll enden mit dem Bild, das uns am Anfang des zweiten Teils des Dramas begegnet, dem Bild des Regenbogens: Der Regenbogen ist ein Bild, das aus der Spannung, aus der Vereinigung von Sonnenlicht und Erdenfinsternis entsteht, so wie der Weg der wahren Menschwerdung in der Vereinigung von dem höchsten, wahren Geistigen mit der Erdenwirklichkeit gegangen wird. Offenbar muss man durch dieses Tor des Regenbogens gehen, um wahrhaft Mensch zu werden.

Michaela Glöckler

Die Nähe des Auferstandenen

Wilfried Hammacher, dem wir die Neuinszenierung von «Faust» 2004 am Goetheanum verdanken, hat sein Konzept so aufgebaut, dass es sich siebenstufig darstellt:

1. Der Prolog im Himmel
2. Faust und Gretchen
3. Romantische Walpurgisnacht und Gretchens Tod
4. Der Griff nach Gold, Geld und Macht.
   Das Ganz-auf-der-Erde-Ankommen
5. Sehnsucht, diese Erde mit dem Himmel wieder zu verbinden: die Klassische Walpurgisnacht
6. Faust und Helena
7. Grablegung und Himmelfahrt.

Der erste Teil ist dabei zusammengefasst mit «Die Tragödie der Erkenntnis und das Osterereignis» und der zweite Teil mit «Die Tragödie des Willens».
Wenn wir die Dokumente des geistig-kulturellen Lebens der Menschheit studieren, gibt es reichlich Material zur so genannten Mysteriengeschichte.[24] Mysterien hat es gegeben,

seit menschliches Leben dokumentiert ist, vermutlich schon früher. «Mysterium» bedeutet schlicht «Geheimnis». Wenn Menschen in besondere Erfordernisse des individuellen und sozialen Lebens eingeweiht wurden, vorbereitet wurden auf Funktionen im Sozialen, die eine höhere Erkenntnisebene, ein tieferes Verstehen voraussetzten, stand Todesstrafe darauf, wenn sie dieses geheime Wissen verrieten.

Heute fragen wir uns: Warum war das so? Warum war das sogar notwendig? Wir können dies gerade jetzt anfangen wirklich zu verstehen. Denn: Wie bedrückend sind Wissensinhalte, die wir nicht verarbeiten können, die wir nicht verstehen! Informationen, Wissensinhalte, Tatsachen, nach denen wir nicht fragen, sie belasten uns. Ja, sie können uns auch quälen, sie können unsere Lebens- und Daseinsfreude lähmen, weil vieles einfach zu schrecklich ist, was wahr ist. Das aber ist der Grund, warum früher Todesstrafe darauf stand; denn der Mensch – solange er noch nicht seines Ichs wirklich mächtig war und sich noch nicht als selbstständiges Individuum fühlte – brauchte Führung, Stütze, Erziehung und Schutz vor dem Unerträglichen.

Dazu brauchte es Regeln. Man ging davon aus: Der Mensch ist eigentlich gut, und wenn man ihn richtig erzieht und begleitet, dann macht er keine Fehler. So war es auch in dieser alten Tradition verpönt, Fehler zu machen; das heißt, man lernte, um gut zu sein und um keine Fehler zu machen.

Interessanterweise sind diese alten Mysterien, diese Mysterien der Erkenntnis, wo der Mysterienverrat, der Erkenntnisverrat bestraft wurde, schon vor der Geburt Christi immer mehr in Dekadenz gekommen und verglommen. Nicht umsonst positioniert Goethe die Klassische Walpurgisnacht zurück auf die Pharsalischen Felder, wo die berühmte Schlacht stattfand, bei der die Griechen ihre politische Freiheit an die Römer verloren haben. Erichtho erinnert uns daran mit den Worten:

> ERICHTHO
> *Wie oft schon wiederholt' sich's! wird sich immerfort*
> *Ins Ewige wiederholen ... Keiner gönnt das Reich*
> *Dem andern; dem gönnt's keiner, der's mit Kraft erwarb*
> *Und kräftig herrscht. Denn jeder, der sein innres Selbst*
> *Nicht zu regieren weiß, regierte gar zu gern*
> *Des Nachbars Willen, eignem stolzem Sinn gemäß ...*
> [7012–7017]

Erichtho verkörpert in der Art, wie sie Goethe auffasst, den Keim, den ersten Anfang einer neuen Mysterienkultur. Sie erscheint ganz aus der Nacht, muss sofort verschwinden, wenn Lebendiges, «Tägliches» sich zeigt. Sie gehört dem geistigen Leben der Menschheit an – dem Nachtbereich und nicht dem aufs Materielle gerichteten Tagesleben. Sie verkündigt die neuen Mysterien, die mit dem Willen zu tun haben, die Mysterien der Tat, der Zukunft, dessen, was werden soll.

Diese Mysterien der Tat hängen mit dem individuellen, sich befreienden Menschenwillen zusammen. Das Mysterium der Erkenntnis hingegen ist das ganz persönliche Drama der

Wahrheitssuche jedes Einzelnen. Was einer erkannt hat – und sei es das Höchste –, ist für seinen Nachbarn zunächst nur eine – wenn auch wunderschöne – Erzählung. Denn dieser muss für sich selbst entscheiden, ob ihm das etwas sagt oder nicht. Es gehört zu den tiefsten Geheimnissen auch in der faustischen Erkenntnistragödie, dass klar ist: Nur was ich *selbst* erkenne, ist wirklich *mein.* «Die zur Wahrheit wandern», sitzen – bildlich gesprochen – allein in Fausts gotischem Zimmer.

Und genauso ist es mit dem Willen. Wer «sein eignes Selbst / nicht zu regieren weiß», macht Fehler über Fehler. Und das wird ja im Faust – für jedes sensible Gemüt eigentlich bis zum Unerträglichen – ins Bild gebracht: Faust kann morden und machen, was er will – er lebt kräftig weiter! Es fehlen uns die schuldbewussten und selbstkritischen Monologe darüber. Kein Monolog, der sich mit der Ermordung des Bruders seiner Geliebten auseinandersetzt oder der Tatsache, dass er seine Schwiegermutter vergiftet hat, dass seine Geliebte öffentlich hingerichtet wird. Was ist denn das für ein Mensch? Hat Faust überhaupt ein Gewissen? Und wenn ja, was für eines? Was davon sieht man? Es ist selbstverständlich: über Dinge, die so evident sind, muss Goethe Faust doch keinen Monolog in den Mund legen. Alle Zuschauer sehen, dass das nicht in Ordnung ist. Wir werden von Goethe durch den «Faust» hindurch nur eingeladen, Dinge zu sehen, zu bedenken, zu hören, die man sich normalerweise nicht unbedingt als Allererstes klarmacht. Es wird gezeigt, wo man

sich anstrengen muss zu verstehen, was nicht selbstverständlich ist.
Das Allerschwerste aber ist: Wie lebe ich nach einem großen Fehler, nach einer großen Schuld weiter? Ist das überhaupt möglich? Wie kann Gott mir verzeihen, wenn ich selber diese Kraft nicht aufbringe, andern oder mir zu vergeben?
Das Mysterienmotiv der Erichtho zeigt, dass es darum geht, nicht nur das Selbst zu erkennen – das Weisheitsmysterium –, sondern das Selbst zu beherrschen – das ist es, worauf «Faust» unser Interesse lenken will, auf das Mysterium der Tat, des Wirkens. So wie Selbsterkenntnis zur Welterkenntnis führt, und Welterkenntnis zur Selbsterkenntnis, so führt Selbstbeherrschung zu einer gesunden Sozialkultur, zu einem christlichen Führungsstil. Ein Mangel an Selbstbeherrschung hingegen gibt immer Anlass zu kleineren oder größeren Formen von Krieg – zum Beispiel als nonverbale oder emotionale, mehr oder weniger fein verbrämte, freundliche Kommunikation, in der sich ein Machtspiel verpuppt. In vielen Szenen ist dies zu bemerken, vor allem wenn Mephisto und Faust mit dem Kaiser reden und jeder weiß, wovon man spricht, oder auch bei den Auftritten des Kardinals, den so genannten Mächtigen. Da spürt man es in jeder Zeile. Ganz in die Karikatur wird es gebracht, wenn nach der gewonnenen Schlacht die Würdenträger neu vereidigt werden. Dieses Doppelsinnige begleitet die Mysterien des Willens, und deswegen ist auch die so genannte soziale Frage *die Mysterienfrage* der nachchristlichen Zeit. Faust ist zwar weit

davon entfernt, dieses Willensmysterium zu beherrschen, er ist jedoch in den Erkenntnismysterien so weit vorangeschritten, wie man überhaupt nur voranschreiten kann.

In den vorliegenden Betrachtungen tauchen immer wieder Ostermotive auf. Goethe selbst ist in der Vor-Osterzeit gestorben. Es war der 22. März 1832, ein Donnerstag, also auch ein spätes Ostern. Er starb in die Passionszeit hinein. Ein Jahr vor seinem Tod, genau an seinem Todestag, schrieb er in einem Brief an seinen Freund Sulpiz Boisserée die berühmten Sätze.

> «Des religiösen Gefühls wird sich kein Mensch erwehren, dabei aber ist es ihm unmöglich, solches in sich allein zu verarbeiten, deswegen sucht er oder macht sich Proselyten.»[25]

Das religiöse Gefühl ist so groß, dass man es mit anderen teilt, und dann besteht die Gefahr der Bildung von Anhängerschaft.

> «Das letztere ist meine Art nicht …»

Goethe will keine Proselyten, keine Anhänger. Das merkt man auch noch 172 Jahre nach seinem Tod.

> «… das erstere aber hab ich treulich durchgeführt und, von Erschaffung der Welt an, keine Confession gefunden, zu der ich mich völlig hätte bekennen mögen.»

So lautet sein Bekenntnis – genau ein Jahr vor seinem Tod.

> «Ich habe mein Leben lang dieses religiöse Gefühl für mich alleine gepflegt.»

«… hab ich treulich durchgeführt» – das ist noch mehr als Pflege.

> «Nun erfahre ich aber in meinen alten Tagen von einer Sekte der Hypsistarier, …»

– das war eine christliche Sekte des vierten Jahrhunderts in Kappadozien in Kleinasien[26] –

> «welche, zwischen Heiden, Juden und Christen geklemmt, sich erklärten, das Beste, Vollkommenste, was zu ihrer Kenntnis käme, zu schätzen, zu bewundern, zu verehren, und insofern dieses Beste also mit der Gottheit im nahen Verhältnis stehen müsse, anzubeten. Da ward mir auf einmal aus einem dunklen Zeitalter her ein frohes Licht. Denn ich fühlte, dass ich zeitlebens getrachtet hatte, mich zum Hypsistarier zu qualifizieren; das ist aber keine kleine Bemühung: denn wie kommt man in der Beschränkung seiner Individualität wohl dahin, das Vortrefflichste gewahr zu werden?»

Dann wendet er sich wieder seinem Freund zu:

> «In der Freundschaft wenigstens wollen wir uns nicht übertreffen lassen.»

Wenn wir dieses Bekenntnis Goethes an einen seiner besten Freunde wörtlich nehmen und diese Hypsistarier vom Wort her zu uns sprechen lassen, sind wir beim Thema «Die Nähe des Auferstandenen». Das griechische Wort für *Himmelshöhe, Erhabenheit* heißt *to hypsistos.* Wir kennen die aus der Weihnachtsbotschaft, wo es heißt *doxa en hypsistois theo kai epi ges eirene en anthropois eudokias,* «Glorie in den Höhen» [doxa en hypsistois theo], «in den göttlichen Höhen» – dazu bekennt sich Goethe. Und für die Erde heißt es: «Friede» [eirene] den Menschen – und dann kommt dieses geheimnisvolle griechische Wort *eudokias* für Wille, für den guten Willen – die eines guten Willens sind.[27]

Wenn man dieses Wort im Lexikon nachschlägt, so steht da für «eudokesa» das Hauptwort im Nominativ: «freier Wille, Wohlgefallen» und es heißt auch noch «Beschluss, Wunsch»; also «Wille, Wohlgefallen». Wenn man *eu-dokia* sagt, bedeutet *eu* immer «schön, wohl». Wann fühlt sich der Mensch, wenn er handelt, wirklich wohl? Wenn er so handelt, wie er handeln möchte. Das ist aber nur der Fall, wenn er sich frei fühlt. Nur dann fühlen wir uns wohl, nur dann ist es den Menschen ein Wohlgefallen; sonst ist es Wille, Beschluss, Wunsch. Wenn wir den Willen nur von außen erleben und erleiden, so fühlen wir uns missbraucht. Das ist uns unerträglich. Wir wollen *selber* handeln, *in Freiheit,* nur so ist es uns «wohlgefällig».

Da klingen Worte zusammen: in den Höhen *gloria* und auf der Erde *eudokia.* Friede wird den Menschen nur, wenn die Taten so sind, dass keiner mehr den anderen stört. Friede wird gestiftet, wenn man sich selbst so beherrscht, dass man auch seine Taten in deren Auswirkungen abschätzen und beurteilen lernt. Und wenn die inneren Kriege, das Unausgegorene, sich nicht nach außen projizieren und so die Welt zum Schauplatz der eigenen Konflikte und Unvollkommenheiten wird. Sie wissen alle, dass ein so großes Wort zwar leicht zu formulieren, dass aber dessen Verwirklichung ein lebenslanges Ringen ist: «Wie lerne ich gewissenhaft handeln, so dass die eigene Selbstbeherrschung mit den Belangen der Welt ins Gleichgewicht kommt und die eigene Autonomie mit dem Respekt vor der Autonomie der andern korreliert?» Es ist interessant, welche Worte es im Griechischen für «Freiheit» gibt. Ein wohl bekanntes Wort, das viel gebraucht wird, heißt «Autonomie» [autonomos]. Hierbei handelt es sich um die individuelle Freiheit, die jeder für sich in Anspruch nimmt oder für das, was er will, «für seine Leute». Das andere Wort für Freiheit ist *eleutheros.* Dieses Wort finden wir an der zentralen Stelle im Johannes-Evangelium, wo klar wird, woher die Willensmysterien kommen.

Die Willensmysterien haben menschheitsgeschichtlich angefangen mit dem so genannten Christus-Ereignis, mit den Taten des Christus bis hin zur Auferstehung, zur Himmelfahrt, zur Wiederkunft, zum Pfingstereignis. Und in den Evangelien selbst finden wir immer und immer wieder neu nur das *eine* neue Gebot. Zur Liebe kann ich niemanden zwingen, kein «du sollst» von außen ist mehr gültig, die Liebe spricht im Inneren, strahlt von dort nach außen – ohne Anspruch auf Einfluss und Macht. So gibt es der Umstülpungen viele, wo die Weisheitsmysterien an ihr Ende kommen und die Willens- und Entscheidungsfragen anstehen. So wie Faust verunsichert wird, ergeht es heute ungezählten Menschen: «Was soll ich tun, was soll ich meiden? Soll ich gehorchen jenem Drang?» Ja, er ist verzweifelt, er weiß es nicht. Denn von außen kommt die Botschaft nicht, sie muss von innen kommen: Was will *ich* tun? Was will *ich* meiden? Welchem Drang will *ich* gehorchen? Das sind die faustischen Fragen, die er aber erst sich stellen lernen muss. Das kann er noch nicht.

Wer daraufhin die Evangelien durchliest, den erstaunt diese ganz neue frohe Botschaft. Die Weihnachtsbotschaft ergreift den guten Willen, den Willen, der gut macht und Gutes will und wohlgefällig ist, der lernt, Frieden zu schaffen: göttliches Leben, soweit es überhaupt geht, im Prozess eines Erdenlebens spürbar werden zu lassen, das Höhere hereinleuchten zu lassen in die Erdenwelt aus einem ganz freien, inneren Entschluss, und nicht, weil es einem ein anderer sagt.

Im Johannes-Evangelium wird dies zum ersten Mal in einem Satz auf den Punkt gebracht. Jesus spricht zu seinen Jüngern:

> «Wenn ihr euch mit meinem Wort vereinigt, dann werdet ihr die Wahrheit erkennen, und die Wahrheit wird euch frei machen.»[28]

«Wort», griechisch *Logos,* wird von Faust schließlich mit «Tat» übersetzt. Seine Frage ist: Wie hängt es mit meinem Tun zusammen? Bin ich Teil dieser Schöpfung? Spricht dieser Logos auch durch mich? Und zwar nicht nur gedanklich. Gestaltet er auch durch mich, und wie stehe ich dazu?

Dann heißt es «die Wahrheit» [he aletheia], die frei macht, das heißt *eleutherosai,* da kommt dann dieses Wort *eleutheros* für «Freiheit»: *he aletheia eleutherosai.*

Nicht die Autonomie-Freiheit ist hier gemeint. Es heißt nicht: «Die Wahrheit macht euch autonom» – das macht sie auch; dies ist aber nur der kleinere Teil der Freiheit. Die Freiheit, um die es geht, die wir erringen müssen, ist die Freiheit zu guten Taten. Darin leben auch *Wahrheit* und *Logos.* Und die Reihenfolge ist eindeutig: Erst muss die Verbindung mit der Christus-Wesenheit, mit dem Logos geschehen, im Liebenlernen. Dann erst kann ich die Wahrheit erkennen, und dann komme ich auch zur guten Tat.

Faust lebt dementsprechend mit der Frage des Liebenlernens. Es geht um Gottesliebe, Menschenliebe, Liebe zur Erde und Liebe zur Welt. Wie lernt Faust, von der Gottessehnsucht und Gottesliebe, die ihm nicht genügt, von der Wissensliebe, von der Menschenliebe so im Allgemeinen wirklich zu der Liebe zu kommen, die ganz von *ihm* ausgeht und doch das geliebte andere Wesen nicht zerstört beziehungsweise einkerkert, sondern in den Himmel bringt, frei lässt, erhöht und damit wahrhaft erkennt?

Von Goethe stammt die bezeichnende Maxime: «Man lernt nichts kennen, als was man liebt.» Damit ist für ihn dieses Wort des Johannes-Evangeliums gelebte Wahrheit: sich mit dem Logos verbinden, mit dem Christus-Wesen verbinden, mit der Liebe zu den Höhen so verbinden, dass man dadurch alles, was die Schöpfung hervorbringt, im Licht der Höhe, im Licht des Geistes verstehen und aus diesem Verständnis die wirklich fruchtbaren Taten hervorgehen lassen kann.

Das sind Worte, die wir aus dem Johannes-Evangelium von

Jesus kennen. Zur Liebe, Wahrheit, Freiheit kann eigentlich jeder Mensch kommen, der wirklich über sich nachdenkt. Gibt es doch kein begeisternderes Strebensideal für das Denken und für die Anschauung als die Wahrheit, kein schöneres Erziehungsideal für das Gefühlsleben als die Liebe und kein edleres Entwicklungsziel für den Willen als die Befreiung des Menschen und des eigenen Wesens. Alle drei aber sind Worte, die das Wesen des Christus bezeichnen. Als gelebte Ideale führen sie unmittelbar in «die Nähe des Auferstandenen».

So weit bringt einen als modernen Menschen das Nachdenken, das heißt das Evangelium: die Christus-Tat ist ausgegossen in die Menschheit, und man findet diese drei Ideale auch ohne schriftliche Überlieferung als menschliche Errungenschaft und Tatsache. Die einzige Vorausbedingung ist nur, dass man selber nachdenkt; das ist völlig überkonfessionell. Rudolf Steiner bemerkt diesbezüglich: «Das Christentum hat begonnen als Religion, aber es ist größer als alle Religionen.»[29] Es ist einfach eine menschheitliche Tatsache. Deswegen, weil es so groß ist, sagt Faust:

Zu jenen Sphären wag' ich nicht zu streben,
Woher die holde Nachricht tönt. [767–768]

Die Höhe, wonach er nicht zu streben wagt, ist die Höhe, die über das, was man normalerweise findet, hinausragt. Um die Freiheitsentwicklung der Menschen nicht zu gefährden, verstehen wir nur so viel von der Tatsache der Inkarnation, dem

Menschlich- und Irdisch-Werden des Christus, wie wir uns selbst entwickelt haben, wie wir uns selbst verstehen. Wonach jetzt aber gestrebt wird und was eben diese Frage nach dem Auferstandenen ist, das sind die Höhen, wonach Faust zunächst nicht zu streben wagt. Es ist zu hoch, zu groß, zu weit, zu tief. Ein Jahr vor seinem Tod sagt Goethe noch (sinngemäß): Es ist zu groß. Wie könnte ich mich als Individuum vermessen, das zu verstehen? Aber lass die Freundschaft das Edelste, Vollkommenste sein. (Siehe Seite 115.)

Und Faust? – Suchen wir uns zunächst im Kontext des Johannes-Evangeliums etwas von den Qualitäten, die den Auferstandenen kennzeichnen, in Erinnerung zu rufen.

Die erste Erkennung geschieht durch Maria Magdalena am Ostermorgen am Grab, nachdem sie zuerst gedacht hat, er sei der Gärtner. Erst als er zu ihr spricht, erkennt sie ihn: «Rabbuni» (Meister). Wo erscheint dieses Motiv im «Faust»? Es fängt damit an! Im «Prolog im Himmel» sagt

> DER HERR:
> *Wenn er mir jetzt auch nur verworren dient,*
> *So werd' ich ihn bald in die Klarheit führen.*
> *Weiß doch der Gärtner, wenn das Bäumchen grünt,*
> *Dass Blüt' und Frucht die künft'gen Jahre zieren.* [308–311]

Wir werden durch dieses Wort «Gärtner» auf das Rätsel des Gottesbegriffs im «Faust» gewiesen. Hier steht nicht «Gott der Herr», sondern das deutsche Wort für Kyrios; das ist der Name des Christus durch die ganzen Evangelien hindurch. Entweder wird er «Menschensohn» [hyios tou anthropou] genannt oder – selten – der «Gesalbte» [christós] oder einfach nur der *Kyrios*, das heißt: der Herrscher, DER HERR. Dieser «Herr» erscheint im Prolog auf der Bühne. So kann auch verständlich werden, mit welcher Kraft er den Faust führt. Die Erkenntnismysterien sind vorbei. Dieser HERR führt nicht durch Gebote und Vermeidungsstrategien, durch Erklärungen, gute Ratschläge. Ganz im Gegenteil: ER führt einzig durch die Liebe, die der Gärtner zu seinen Pflanzen hat, wo er versucht, jede Pflanze so zu pflegen, dass sie ganz zu sich selbst kommen und den Garten schmücken kann. Das kann Mephisto nicht verstehen. Er kann auch nicht verstehen, dass DER HERR überhaupt keine Angst hat, Faust zu verlieren, wenn dieser von seinem Urquell abgezogen wird. Denn wie oder wo können wir abgezogen werden vom Urquell der Liebe? Durch Denken und Handeln. Wir können *lieblos denken,* dann verstehen wir immer weniger. Und wir können *lieblos handeln,* dann gibt es immer mehr Krieg und Missstimmung und Unangenehmes. Damit entfernen wir uns von der göttlichen Führung. Denn wäre dies nicht so, gäbe es keine Entwicklung zur Freiheit. Denn nur *die* Wahrheit macht uns frei, die wir selbst gefunden haben. Da kann für das Erkennen und Handeln immer wieder jede Perspektive fehlen und muss neu errungen werden. Die Gottesliebe hingegen kann alles begleiten. Sie kann immer mitgehen – mehr oder weniger bewusst erlebt. Dieser Faden reißt nicht ab, auch wenn Menschenliebe vorübergehend erlischt. Solange jedoch der Quell der Liebe, der zarte und doch so feste Faden der Liebe nicht abreißt – und die Gottesliebe reißt nicht ab –, so lange geht die Entwicklung weiter. «Der dunkle Drang» des Menschen sehnt sich doch unaufhörlich, die Verbindung mit DEM HERRN zu erleben, zu erkennen. Auch diese Gewissheit: «Es irrt der Mensch, solang' er strebt» [317], ist Ausdruck der Liebe. Solange wir als Menschen tätig sind, können wir auch Fehler machen. Das sind die neuen Mysterien. Und DER HERR weist im Prolog im Himmel Mephisto für die neue Zeit der Willensmysterien seine Aufgabe zu. Im Weiteren geht es aber nicht nur um Faust. Es gibt nur einen Menschen im Drama, der Faust beim Vornamen nennt, und das ist Gretchen. Nur da ist er ein individueller Mensch, *ein* bestimmter Mensch. Sonst ist er immer nur «Faust», *der Repräsentant* der modernen Menschheit. Das «Faust»-Drama ist eine Menschheitstragödie, die aber an einer Stelle ganz individuell-menschliche Züge bekommt.

Die moderne Menschheit neigt ganz zur Individualisierung hin. Immer mehr Menschen haben den Mut, *selbst* zu denken. *Bewusstsein* wird wichtiger als *Sein*. Steiner gibt dieser Neuzeit, der Epoche vom 15. Jahrhundert bis zum Jahre 3500, den wunderbaren Namen «Bewusstseinsseele». Bewusstsein, das individuell seelisch erlebt wird. Wir fühlen heute alle die Wahrheit des Wortes von Meister Eckehart (ca. 1260–1327): «Wär ich ein König und wüsste es nicht, ich wäre kein König.» Er lebte an der Schwelle dieser neuen Zeit und bemerkte das.

Das heißt: Was nützt mir mein göttliches Sein, die Tatsache, dass ich geschaffen bin? Faust sagt: «Ich Ebenbild der Gottheit!» [516] Was soll es denn, wenn ich es nicht verstehe, dieses Sein, dieses Geschöpf-Sein, selbst wenn es gottebenbildlich ist? Es genügt ihm nicht. Auch uns genügt es nicht. Wir wollen doch aus eigener Kraft dorthin gelangen und als das Geschöpf Mensch nicht nur erkennen und verstehen, sondern auch selbstbewusst leben und handeln. Das geht aber nur, indem man merkt, was man tut, indem man auf ganz individuelle Weise entdeckt, was es heißt, ein Mensch zu sein. Menschsein als Ergebnis von Bewusstsein erweckenden Tätigkeiten. Deswegen neigt die Bewusstseinsseelenzeit so zum Hektisch-Hyperaktiven, weil man nur durch Tätigsein merkt, dass man «da» ist. Sonst wird man «ein Idol», dann ist man nur noch schönes Bild. Das will man nicht sein.

Auf dieses Geheimnis weist uns der Prolog hin, und wir sehen, wie Gott und Teufel ihren Blick auf die Menschheit richten und wie Gott einen Teil von seiner Kraft an Mephisto abgegeben hat. Sie praktizieren sozusagen Arbeitsteilung im Fortgang der Schöpfung. In den früheren Kulturen hatte das Böse noch nicht die Aufgabe, den Menschen individuell zu versuchen, weil der Mensch noch nicht Individualität war. Damals hatte das Böse die Aufgabe, durch Hässlichkeit die Menschen auf den Weg der Schönheit zu bringen. Die Gestalt des Phorkias bringt diese Aufgabenstellung ins Bild. Jetzt bekommt das Böse die gefährliche Aufgabe, den Menschen um seiner Freiheit willen vom Urquell abzuziehen und dann «sacht» seine Willensstraße zu führen, einen Weg zu führen. Das liegt uns allen im Blut. Daher sind wir immer mehr des Bösen fähig. Die Nähe des Auferstandenen beginnt demnach schon im Prolog wirksam zu werden, weil dort das Bild des liebevoll den Menschengarten anschauenden HERRN gezeigt wird, der ganz und gar mit der Erde und ihren Geschöpfen verbunden ist und die Welt der himmlischen und höllischen Heerscharen so in Stellung bringt, dass die Menschheitsentwicklung einen wesentlichen Schritt weitergehen kann.

Das zweite Motiv, das uns im Johannes-Evangelium am Ostersonntag begegnet, ist, dass am Abend plötzlich der Christus den Jüngern erscheint, durch geschlossene Türen, und sie mit dem Ostergruß «Der Friede sei mit euch» begrüßt. Und dann haucht er sie an und sagt: «Nehmet hin den Heiligen Geist.» Er macht offenbar: «Ihr seid jetzt schon des Heiligen Geistes teilhaftig.» Der alte Kirchenstreit: «Geht der Geist vom Vater oder vom Sohne oder von beiden aus?», findet sich bei Johannes versöhnt. Der Heilige Geist geht von dem Christus-Hauch aus. Die Jünger sind jetzt rein geistig mit Christus verbunden. Die Apostelgeschichte des Lukas zeigt dann stufenweise, wie sich das Wirken des Heiligen Geistes durch alle, die selber davon erfasst und damit zu Zeugen werden, weiter wirksam erweist und in die Menschheitsgeschichte als neue Tatsache eingeht.Diese Tatsache des Fortwirkens des Auferstandenen mit seiner Nähe erleben wir dann in der Osternacht, mit der das «Faust»-Drama seinen

Anfang nimmt. Faust möchte in tiefster Verzweiflung seinem Leben ein Ende machen. Plötzlich tritt durch die verschlossenen Türen der Auferstandene herein. Auf dem Schauplatz der Erinnerung als rein seelisches Erlebnis erscheint der Christus mit der Osterbotschaft: «Ich bin doch da.» Es gibt einfach keine schöneren Worte, mit denen man das Osterereignis feiern kann, als die der Osterchöre.

Chor der Engel
Christ ist erstanden,
Aus der Verwesung Schoß;
Reißet von Banden
Freudig euch los!
Tätig ihn Preisenden,
Liebe Beweisenden,
Brüderlich Speisenden,
Predigend Reisenden,
Wonne Verheißenden,
Euch ist der Meister nah,
Euch ist er da! [797–807]

Man fühlt sich an die Worte aus Novalis' «Geistlichen Liedern» (IX.) erinnert:

Ich sag es jedem, dass er lebt
Und auferstanden ist,
Dass er in unserer Mitte schwebt
Und ewig bei uns ist.

Das ist genau dasselbe Bewusstsein, aus dem Goethe spricht. Im Evangelium heißt es von den Jüngern, dass sie ängstlich beisammen sitzen, aus Furcht vor den Juden, mutlos, als plötzlich *er* durch geschlossene Türen eintritt. Der Auferstandene hat nicht nur die Macht, auf dem Erinnerungsschauplatz zu erscheinen, sondern seine Nähe auch so spürbar werden zu lassen, wie wenn er uns selbst gegenüberträte. Das erleben wir im «Faust» immer wieder. Auch in dem Monolog, wo es am Ende heißt: «Und zieht das Beste meines Innern mit sich fort» [10066]. Wir erleben immer wieder, wie Gedanken, die Faust denkt, für ihn so real werden, dass das Wesenhafte, auf das der Gedanke sich bezieht, konkret anwesend wird. Das ist ein weiteres Geheimnis des Auferstandenen und gehört zum Schwierigsten, was die Christenheit beschäftigt: Wie ist es möglich, den materiellen Leib ganz und gar zu vergeistigen? Leib und Blut vollkommen zu vergeistigen und damit die Materie und den Geist so miteinander zu vereinigen, dass beides sich in der «Anwesenheit» in des Geistes Gegenwart findet.

Hier sei an etwas aus Rudolf Steiners Evangelienforschung erinnert. Sie finden es in «Von Jesus zu Christus»[30]. Da wird geschildert, wie die Substanz des Leibes Christi, die seine ganze Göttlichkeit über drei Jahre, von der Jordantaufe bis zum Tod auf Golgatha, fassen konnte, im Laufe dieser drei Jahre ganz verwandelt wird. Diese Substanz wird durch das Jesus-Christus-Leben wieder so deckungsgleich mit dem Gedanken, dem göttlichen Schöpfungsideal «Mensch», dass dieser Leib dadurch eine Konstitution bekommt, dass er sich nach dem Tod in die Erde auflösen kann wie Salz im Wasser.

Er ist von seinen Aschebestandteilen, von seinen «peinlichen Resten» [11954–11957], die am Ende von «Faust» benannt werden, vollständig gereinigt. Der Auferstehungsleib als transsubstanziierte, vergeistigte Erdensubstanz ist zum einen der Geistleib des Christus – zum anderen aber das hingeopferte Entwicklungsferment für die Erde mit all ihren Kreaturen. Die Erde ist dadurch auch zum Leib Christi geworden. In feinsten Spuren trägt jeder Mensch und jedes Leben tragende Geschöpf, alles, was an der Entwicklung irgendwie Anteil hat, etwas von diesem in die Erde hinein aufgelösten Leib Christi in sich als Keimpunkt für die eigene Verwandlung. Durch Verwandlung zur Kommunion kommen – und es *nicht* bei der Verkündigung und Aufnahme des Wortes und der Opferung bewenden lassen –, das ist die Aufgabe. Die alten Mysterien endeten mit dem Opfer, das den Göttern gebracht wurde. Die neuen Mysterien beginnen beim Opfer und enden in der voll bewussten Kommunion, und das Kernmysterium ist die Verwandlung.

Deswegen haben wir hier auch im «Faust» die Christus-Erscheinung gleich am Anfang in dramatischer Form so, dass sie den entscheidenden Anstoß für den Willen gibt. Nach der mit magischen Mitteln erzwungenen Begegnung des Faust mit dem Erdgeist sagt Faust zu Mephisto:

> Faust
> *Das Drüben kann mich wenig kümmern;*
> *Schlägst du erst diese Welt zu Trümmern,*
> *Die andre mag darnach entstehn.*

Aus dieser Erde quillen meine Freuden,
Und diese Sonne scheinet meinen Leiden;
Kann ich mich erst von ihnen scheiden,
Dann mag, was will und kann, geschehn. [1660–1666]

Faust erkennt den Sinn seiner Entwicklung auf der Erde. Die dritte Auferstehungstat im Johannes-Evangelium ist, dass ER nach acht Tagen den Jüngern nochmals erscheint; und zwar ist jetzt Thomas dabei. Thomas war bei der ersten Erscheinung, die durch die verschlossenen Türen am Ostersonntag-Abend kam, nicht dabei. Jetzt, acht Tage später, ist Thomas dabei. Und dann fallen die berühmten Worte: «Selig sind, die meine Kraft im Herzen finden, auch wenn ihr Auge mich nicht sieht.» Oder lutherisch: «Selig sind, die glauben, auch wenn sie nicht schauen.»[31] Denn Thomas will es selber sehen, er will eben wirklich die volle Einweihung, er will das Ziel und nicht den Weg. Und das ist auch berechtigt. Christus erscheint ihm speziell und erlaubt ihm, die Hände in die Wunden zu legen; aber dies ist nicht jedem möglich. Und eben das erleben wir im «Faust». Der dunkle Drang ist da, unglaublich viel Wissen ist da, aber dieses ganze Wissen ist noch unerleuchtet, von persönlichem Erleben nicht durchdrungen, noch nicht eigenes Tun geworden, noch nicht selbst verantwortet. Es ist noch nicht durch das Opfer der eigenen Erfahrung, des eigenen Durchleidens oder durch das Opfer der Fremderfahrung in Form echten Mitleidens gegangen. Es ist noch abstrakt. Wir finden hier diesen mühsamen Weg geschildert, der vom Glauben zur vollen Einsicht führt, bis zum Thomas-Ereignis. Faust schafft diesen Weg bis zu einem gewissen Grad. Ganz schafft er ihn nicht.

Die vierte Auferstehungsgeschichte im Johannes-Evangelium ereignet sich am Ufer des Sees Genezareth bei Tiberias. Simon Petrus ist da, Thomas ist da. Nathanael ist da, die beiden Zebedäus-Söhne sind da, und die zwei Jünger sind da, die nicht näher benannt werden. Einer der beiden erweist sich dann als Johannes der Evangelist, als Johannes der Apokalyptiker, als der Jünger, den «DER HERR lieb hat». Bei dieser Darstellung geht es darum, dass der Auferstandene den Jüngern beim Fischen hilft und dann auch mit ihnen die Fische verzehrt. Es geht ganz und gar darum – die Netze zerreißen nicht –, unverletzt und heil die Menschen so auf den Weg zu bringen, dass die heilige Kommunion verständlich wird als ein Sich-gegenseitig-im-Erkennen-«Verspeisen». Das ist das Mysterium des Geistes, dass wir geistig «ineinander» sein können. Was körperlich nicht möglich ist, ist geistig möglich, indem wir uns geistig durchdringen und auch «verdauen» können.

So wie die physische Natur verwandelt wird, wenn wir wirklich geistbewusst essen und dann die verwandelte Natursubstanz in uns geisttragend wird, als unsere Körpersubstanz, so können wir uns auch geistig ernähren: Regisseur und Schauspieler ernähren uns, Rudolf Steiner ernährt uns mit seinen «Faust»-Kommentaren, und natürlich, allen voran, ernährt uns Goethe, nicht nur mit seiner Dichtung, sondern auch mit allem, was er studiert und uns aus der Vorwelt nahegebracht hat, alles ist geistige Anregung und Nahrung und stärkt uns auf dem Weg, wird in dem Maß unser Eigen, wie wir es «verdauen», selber verstehen.

Am Ende dieser Szene am See Genezareth schließt sich das entscheidende Gespräch mit Petrus und Johannes an.[32]

Christus fragt Simon Petrus dreimal: «Liebst du mich?» Und Petrus antwortet: «Ja, Herr, ich liebe», und benutzt dabei dreimal das Wort «philo»se, das Verb für seelische Liebe, für Freundschaft und Freundesliebe. Christus hingegen fragt zweimal «Liebst du mich?» mit dem griechischen Wort für die Gottesliebe: «agapas»me? Beim dritten Mal aber steigt er hinunter auf die Ebene des Petrus und fragt «phileis»me? Die Gottesliebe muss erst noch errungen werden. Dafür wird die petrinische Kirche gestiftet. Petrus aber ist so ehrlich und so bewusst, dass er weiß: Ich bin doch eigentlich nicht der Jünger, den der Herr lieb hat. Wie sonst würde er mich dreimal fragen? Wieso aber baut er seine Kirche auf mich? Und so fragt er, derweil Johannes hinter ihnen geht: «Und was ist aber mit diesem?», er meint den Jünger, «den der Herr lieb hat». Darauf fallen diese eigentümlichen Worte: «Was kümmert's dich, wenn ich zu diesem sage, dass er bleibe, bis ich wiederkomme?»

Beide Jünger bekommen einen Auftrag. Johannes ist als Zeuge der Auferstehung und Wiederkunft «im Wolkensein» in der ätherischen Welt der Gedanken und Erinnerungen mit allen Menschen verbunden, für die «der Meister nahe» ist, für die er durch verschlossene Türen geht, die ihn selbst in der Meditation finden können. Von Anfang an ist dies so, denn Johannes hat ihn schon gefunden, für ihn ist er schon wiedergekommen. Das zeigt die Apokalypse. Zwar haben alle Jünger den Auferstandenen als Gemeinschaft erlebt. Als Christus jedoch noch auf der Erde weilte, war es mit dem Erkennen und mit dem Verleugnen für Petrus und die anderen bis zuletzt ein Problem. Nur Johannes lag an der Brust Jesu und hatte ihn erkannt. Auf dieses Bewusstsein vom Scheitern, vom Versagen, vom Irren, vom dreimal Verleugnen und dreimal Gefragtwerden «Liebst du mich?», auf dieses Bewusstsein, diese Suche, kann die weltliche Kirche gebaut werden. Das ist der Beistand, das Verstehen, das wir als ringende Menschen brauchen. Dafür ist die Kirche da, jede Kirche, jede Glaubensgemeinschaft, wo man sich gegenseitig hilft und trägt: solche Gemeinschaften zu bilden, dass jeder den Weg finden kann, nicht nur die Wenigen, die dies auf ihrem eigenen Erkenntnisweg ohne Kirchenzugehörigkeit vermögen.

Goethe würdigt diese petrinische Kirchengemeinschaft in der Osternacht durch den Klang der ersten Osterglockentöne auf ganz eindeutige Weise, gefolgt von dem Weg, den Gretchen in dieser Kirchengemeinschaft geht und der sie zuletzt so stark und selbstständig werden lässt, dass sie sich kein zweites Mal – jetzt zu sich erwacht – von Faust ver- beziehungsweise entführen lässt. Damit ist auch deutlich, dass es nicht darum geht, ob Freiheit von der Kirche ein Fortschritt sei. Es geht nur darum, zwei Richtungen, zwei Aufträge zu

Petrus, Christus und Johannes
Mittelportal der Kathedrale von Chartres

verstehen, die sich nicht widersprechen. Goethe lässt diese beiden Aufträge aus der Auferstehungsszene in der Gretchen-Begegnung mit Faust deutlich werden. Gretchen sagt zu Faust: «Du hast kein Christentum.» [3468] Gretchen kommt aus der Kirche, und bevor sie Faust sieht, schaut sie nochmals dankbar zum Himmel auf – einig mit sich und der Welt. Mephisto sagt später despektierlich: «Sie ging für nichts zur Beichte.» Der Zuschauer aber erlebt: Sie ist in ihrer ganzen Seele erfüllt, erleuchtet, dankbar. Sie identifiziert sich mit sich und ihrer Glaubensgemeinschaft.

Goethe kann die Kirchenvertreter auch so zeigen, wie Menschen irren können, das sehen wir im vierten Akt. Aber in dieser Szene, wo Gretchen Faust die «Gretchenfrage» stellt, kommen diese beiden Aufträge künstlerisch gestaltet vom Ansatz her ins Bild. Man sieht an Gretchen, welchen Schutz, welche Haltekraft, welche unendliche Begleitung und Lebenshilfe eine Kirchengemeinschaft bietet, wo die Glocken äußerlich läuten, wo jeder es hört, wo jeder immer daran erinnert werden kann, welche Kraft sie verleiht, so dass sie auch bereit ist, in der Kerkerszene Heinrich von sich zu weisen. Das macht ihre Größe, ihren Weg aus. Auf diesem Weg kann das Heil auch auf individuelle Weise gefunden werden. Sie weiß, wem sie sich einzig ganz übergeben kann. Durch ihren Leidensweg – als Tochter der Kirche – ist sie Faust vorangeschritten und kann ihn dann im Nachtodlichen führen. Faust aber erklärt ihr in Martens Garten auch seinen Weg, den des anderen Jüngers:

FAUST
Wer darf ihn nennen?
Und wer bekennen:
Ich glaub' ihn.
Wer empfinden,
Und sich unterwinden
Zu sagen: ich glaub' ihn nicht?
Der Allumfasser,
Der Allerhalter,
Fasst und erhält er nicht
Dich, mich, sich selbst? [3432–3441]

Hier hört man den Menschen sprechen, der seinen Weg zum Geist nur durch die eigene innere Entwicklungsarbeit sucht. Und Gretchen muss zugeben: «Ungefähr sagt das der Pfarrer auch, / Nur mit ein bisschen andern Worten» [3460–3461]. Im «Faust» ist das Johannes-Evangelium immer im Hintergrund gegenwärtig. Es kann in diesem Zusammenhang berühren, dass Goethe mit seinem ersten Taufnamen *Johann(es)* heißt.

Wie weit kommt Faust auf dem Wege des Willens, auf diesem Wege, wo uns der Auferstandene zunächst begleitet als dumpfer Drang, ohne dass wir es zunächst wissen? Auf dem Weg, wo wir scheitern und verzweifeln, wenn wir uns dessen nicht bewusst werden können, wenn uns nicht auf dem inneren Schauplatz Christus entgegentritt? Wie weit kommt Faust auf diesem Weg?

Er kommt erst ganz am Ende von dem stolzen «Herrschaft gewinn ich, Eigentum!» [10187] zum Motiv der Freiheit. Ganz am Ende merkt er: Erst wenn ich nach der Freiheit strebe und auf alles verzichte, was mir irgendwie als fremde Macht und Unterstützung gegeben wird, komme ich an mein Ziel. In «Faust I» sagt Mephisto noch: «Wenn ich sechs Hengste zahlen kann, / Sind ihre Kräfte nicht die meinen?» [1824–1825] So werden auch Kriege gewonnen mit unglaublichen Maschinerien und intelligenten Entfesselungen von Kräften. Aber das ist nicht Freiheit. Freiheit ist, wenn die Selbstbeherrschung so zur eigenen Natur gehört, dass durch diese Selbstbeherrschung das eigene Ich vollbewusst als Kraftgefüge, als Kraftgestalt erscheint, dass man aus diesem Bewusstsein heraus dann auch wirklich heilsame, gedeihliche Taten vollbringen kann. Faust kommt am Ende in dem berühmten Mitternachtsmonolog bis zu der Einsicht:

Faust
Ja, diesem Sinne bin ich ganz ergeben,
Das ist der Weisheit letzter Schluss:
Nur der verdient sich Freiheit wie das Leben,
Der täglich sie erobern muss.
Und so verbringt, umrungen von Gefahr,
Hier Kindheit, Mann und Greis sein tüchtig Jahr.
Solch ein Gewimmel möcht' ich sehn,
Auf freiem Grund mit freiem Volke stehn.
Zum Augenblicke dürft' ich sagen:
Verweile doch, du bist so schön!
Es kann die Spur von meinen Erdetagen
Nicht in Äonen untergehn. – [11573–11584]

Im ersten Teil des Monologes am Anfang des «Faust» kommt ihm die Sorge ins Bewusstsein, und er sagt:

Faust
Die Sorge nistet gleich im tiefen Herzen,
Dort wirket sie geheime Schmerzen,
Unruhig wiegt sie sich und störet Lust und Ruh;
Sie deckt sich stets mit neuen Masken zu,
Sie mag als Haus und Hof, als Weib und Kind erscheinen,
Als Feuer, Wasser, Dolch und Gift;
Du bebst vor allem, was nicht trifft,
Und was du nie verlierst, das musst du stets beweinen.
[644–651]

Diese sorgenvolle Lebensstimmung trägt entscheidend dazu bei, dass er sich töten will. Er bemeistert die Sorge nicht. Am Ende aber bemeistert er sie. Er findet in der äußeren Blindheit das innere Licht, in der Unsicherheit des ewigen Werdens, in sich selbst den Halt und den Freiheits- und Bestimmungspunkt. Dadurch kann er dann auch im Nachtodlichen das Erlösungsmotiv finden – darin, dass die geistige Welt und auch Gretchen sich freuen, dass er kommt. Diese Osterbotschaft –

Reißet von Banden
Freudig *euch los!* [799–800]

– das schafft Faust erst durch die Freiheit vom Leibe im Sterben.

Anmerkungen

1 Hier zitiert nach Manfred Osten, *«Alles veloziferisch» – oder Goethes Entdeckung der Langsamkeit.* Frankfurt/Leipzig 2003, S. 33.
2 Goethes Briefe, Bd. IV, München 1988, S. 159, An G. H. L. Nicolovius.
3 Rudolf Steiner, Goethes Geistesart ..., GA 22, 1979, S. 52.
4 An Schiller, Brief vom 27.6.1797.
5 Rudolf Steiner, Geisteswissenschaftliche Menschenkunde, GA 107, 1988.
6 Bemerkenswert ist dabei, dass Rudolf Steiner direkt zu Beginn des Jahres 1909 auf die Zwienatur des Bösen aufmerksam macht. In Bezug auf das Gesetz der Dreigliedrigkeit des menschlichen Organismus, über das er erstmals 1917 schreibt, bemerkt Rudolf Steiner, dass er daran dreißig Jahre forschen musste, bevor er darüber sprechen konnte. Könnte in Bezug auf die Doppelnatur des Bösen etwas Ähnliches vorliegen? Das Jahr 1879, das dreißig Jahre vor 1909 liegt, bezeichnet den Zeitpunkt, an dem der Erzengel und Zeitgeist Michael die Regentschaft antritt, nachdem er «den Drachen» – ahrimanische Scharen – besiegt hat. Das aber bedeutet, «dass sie nun nicht mehr ... in den Himmeln zu finden sind», sondern «in den Reichen der Menschen» (Vortrag vom 14. Oktober 1917, GA 177). Seit 1879 ist der Mensch also in einer ganz neuen und im Vergleich zu früheren Zeiten viel stärkeren Art den Wirkungen des Bösen ausgesetzt.

7 Siehe Anm. 5, S. 172.

8 Rudolf Steiner, Geisteswissenschaftliche Erläuterungen zu Goethes «Faust», Band I: Faust, der strebende Mensch, GA 272, 1981, S. 70 (Vortrag vom 4. April 1915).

9 Siehe Anm. 8.

10 Natürlich ist dies nur *eine* Linie der Interpretation; viele andere wären möglich. Das ist ja gerade das Besondere an großen Kunstwerken, dass immer vielerlei Deutungen, vielerlei Aspekte zu finden sind. Es gibt niemals nur *eine* richtige Deutung eines Kunstwerkes.

11 In den «Anthroposophischen Leitsätzen» (GA 26, 1998, S. 151) heißt es: «Faust ist der Mensch, der den Menschen ganz und gar verloren hat.»

12 Rudolf Steiner, Geisteswissenschaftliche Erläuterungen zu Goethes «Faust», Band I: Faust, der strebende Mensch, GA 272, 1981, S. 267 (Vortrag vom 9. September 1916).

13 Zahme Xenien. Aus dem Nachlass. Goethes Werke, Weimarer Ausgabe Bd. 5, Abt. 1, S. 95. Weimar 1893, Nachdruck München 1987.

14 Leicht bearbeiteter Text des Vortrags «Goethes ‹Faust› als Weg der Selbsterkenntnis und geistige Kommunion des Menschen».

15 Siehe Anhang II.

16 Siehe dazu den Beitrag von Johannes Kühl in diesem Buch.

17 Siehe dazu auch den Beitrag von Martina Maria Sam in diesem Buch.

18 Rudolf Steiner: Alte und neue Einweihungsmethoden, GA 210, Vortrag vom 19.2.1922.

19 Siehe Rudolf Steiner: Der Jahreskreislauf als Atmungsvorgang der Erde und die vier großen Festeszeiten, GA 223, Vortrag vom 1.4.1923.

20 Gal. 2,20.

21 Siehe Anm. 5.

22 Goethe über Schiller am 9.11.1830.

23 Siehe Anm. 5, Vortrag vom 25.2.1922.

24 Siehe zum Beispiel: Frank Teichmann, Die Kultur der Empfindungsseele, Stuttgart 1990; ders., Die Kultur der Verstandesseele; ders., Die ägyptischen Mysterien, Stuttgart 1999; ders., Der Mensch und sein Tempel, Megalithkultur, Stuttgart 1999; ders., Der Mensch und sein Tempel, Ägypten, Stuttgart 2003; ders., Der Mensch und sein Tempel, Griechenland, Stuttgart 2003; ders., Der Mensch und sein Tempel, Chartres, Stuttgart 1991. Rudolf Steiner, Mysteriengestaltungen (1923). GA 231.

25 An Sulpiz Boisserée, Brief vom 22. März 1831. In: Goethes Briefe und Briefe an Goethe. Band IV, 1821–1832, München 1988, S. 424. Auch die folgenden Sätze.

26 Siehe Stichwort «Hypsistarier» z. B. in «Lexikon der Religionen», Stuttgart 1976, S. 254, oder in: «Der kleine Pauly», Lexikon der Antike in fünf Bänden, Band 2, S. 1291.

27 Lukas 2,14.

28 Joh. 8,32.

29 Rudolf Steiner, Das christliche Mysterium. GA 97, Vortrag vom 17. März 1907.

30 Rudolf Steiner, Von Jesus zu Christus (1911). GA 131.

31 Joh. 20,29.

32 Joh. 21,15ff.

Siehe auch den Beitrag von Nikolai Fuchs: «Geldvermehrung und Landnahme – die Wiederauferstehung im Wert» unter folgender Internet-Adresse: www.landwirtschaftliche-abteilung.org/veröffentlichungen.

Michaela Glöckler
Geboren 1946 in Stuttgart. Studium der Medizin, Weiterbildung zur Kinderärztin am Gemeinschaftskrankenhaus in Herdecke und an der Universitätsklinik in Bochum. Zehnjährige Kinder- und schulärztliche Praxis. Seit 1988 Leitung der Medizinischen Sektion am Goetheanum, Freie Hochschule für Geisteswissenschaft in Dornach/Schweiz. Vortragstätigkeit im In- und Ausland. Zahlreiche Publikationen.

Martina Maria Sam
Geboren 1960 in Hornbach/Odenwald DE. Studium der Soziologie/Politischen Wissenschaften in Heidelberg. Eurythmie- und Pädagogikstudium am Institut für Waldorfpädagogik Witten-Annen. Eurythmistin an der Goetheanum-Bühne; Kunstgeschichts-und Germanistikstudium an der Universität Basel; Lizentiat mit einer Arbeit über die Wandtafelzeichnungen Rudolf Steiners. Seit 2000 Leiterin der Sektion für Schöne Wissenschaften am Goetheanum.

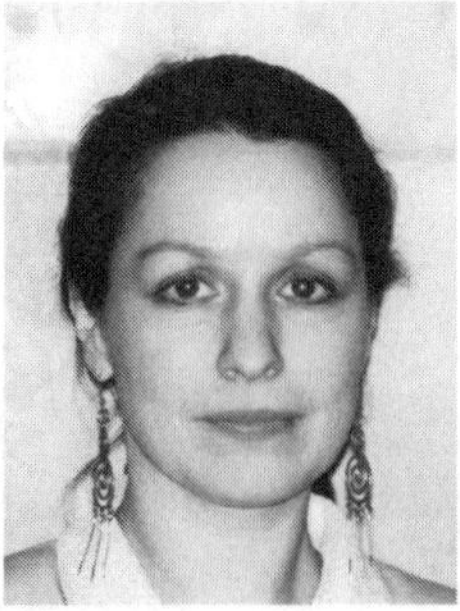

Sergej O. Prokofieff
Geboren 1954 in Moskau. Studium der Malerei und Kunstgeschichte an der Kunsthochschule in Moskau. Vortragsredner und Autor zu anthroposophischen Themen. 1990 Mitbegründer der Anthroposophischen Gesellschaft in Russland. Seit 2001 Mitglied des Vorstandes der Allgemeinen Anthroposophischen Gesellschaft am Goetheanum. Zahlreiche Publikationen.

Johannes Kühl
Geboren 1953 in Hamburg. Besuch der Waldorfschule, Studium der Physik, Mathematik und Chemie in Hamburg und Göttingen. Diplomarbeit am Max-Planck-Institut für Strömungsforschung. 1982 bis 1996 Lehrer an der Waldorfschule Stuttgart-Uhlandshöhe. Seit 1996 Leiter der Naturwissenschaftlichen Sektion am Goetheanum. Arbeiten u. a. über Strömungsphysik, über goetheanistische Optik und Farbenlehre sowie zur Physikdidaktik.